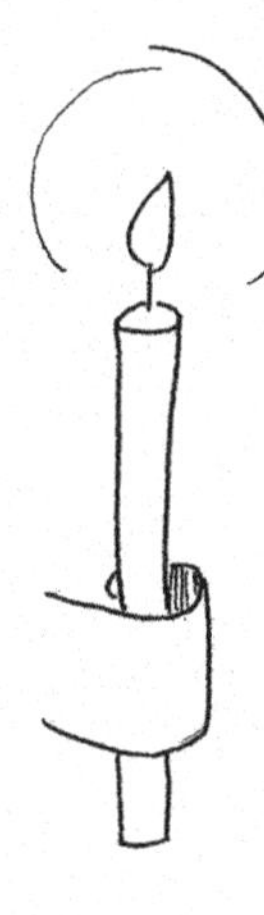

"El mejor regalo para los pequeños es compartir lo
del amor de Dios, su fidelidad y grandeza. Escuchamos primero de esas cosas en las historias de la Biblia y en las oraciones de la iglesia. Este pequeño libro de oraciones ayudará a los niños y a sus familias a interactuar con Dios a través de la oración y la adoración por generaciones."

—El Muy Rev. Robert C. Wright,
Diócesis Episcopal de Atlanta

"Fácil de usar, práctico y espiritual, este libro acercará a Dios y al prójimo a quienes lo usen. Los antiguos esquemas y las nuevas oraciones se harán familiares para aquellos que lo lean y compartan."

—Pattie Ames, Misionera para la Formación Cristiana
Diócesis Episcopal del Sur de Virginia

"Podría decir que son las adorables ilustraciones lo que amo de este libro, o que son las oraciones antes de comer o que las oraciones para cada día de la semana añaden un contexto significativo a la vida familia diaria; sin embargo, la profundidad real de este libro es que invita a la oración y a una vida de oración en los niños y niñas."

—Trevecca Okholm, profesora adjunta de teología práctica,
Azusa Pacific University, autora de *Kingdom Family: Re-Envisioning God's Plan for Marriage and Family*

"Estas oraciones usan un lenguaje fácilmente asequible para los niños y niñas sin sacrificar la profundidad del significado."

—Sarah Bentley Allred, Directora de Ministerios
Infantiles y Familiares, St. John's Episcopal Church,
Wake Forest, Carolina del Norte

"Enraizado en la tradición de la oración común, este libro es expansivo en su uso creativo del lenguaje y las ilustraciones, está muy bien organizado según las estaciones de la iglesia y es aplicable a todos los que buscan el ritmo diario de una vida en oración."

—Rev. Michael Sullivan,
Presidente y Director Ejecutivo de Kanuga

"Un necesario y hermoso compendio escrito que honra a los niños y que celebra la rica tradición de oración de la Iglesia Episcopal. Una manera maravillosa de enriquecer la vida de oración en el hogar, en la iglesia o en la capilla escolar."

—Ann Mellow, Directora Asociada,
Asociación Nacional de Escuelas Episcopales

"En su simplicidad, aquí encontramos un ritmo de oración que sostendrá y alimentará la vida espiritual de varias generaciones."

—La Muy Rev. Mary Hawes, Asesora Nacional
de Niños y Jóvenes de la Iglesia de Inglaterra

"*Oración Común para Niños y Familias* ofrece formas accesibles y teológicamente sanas para cada persona en la familia que adora y se maravilla junta."

—Amanda Wischkaemper, Directora del Ministerio Infantil,
St. David's Episcopal Church, Austin, Texas.

ORACIÓN COMÚN *para Niños y Familias*

JENIFER GAMBER Y
TIMOTHY J. S. SEAMANS

Prefacio por Wendy Claire Barrie
Ilustraciones por Perry Hodgkins Jones
Traducido por Yoimel González Hernández

CHURCH PUBLISHING INCORPORATED

Las canciones provienen de los himnarios Flor y Canto (2da. Edición, 2001); Oramos Cantando (GIA Publications, 2014) y El Himnario (Church Publishing, Inc., 2001)

Church Publishing
19 East 34th Street
New York, NY 10016
www.churchpublishing.org

Ilustración de cubierta por Perry Hodgkins Jones
Diseño de Cubierta por Jennifer Kopec, 2Pug Design

Library of Congress Cataloging-in-Publication Data

Un registro de este libro se encuentra en la Biblioteca del Congreso.

ISBN-13: 978-1-64065-339-9 (impreso)
ISBN-13: 978-1-64065-340-5 (libro electrónico)

A nuestros hijos:
Nico,
Will y Em

CONTENIDO

6ª PARTE

Oraciones con el mundo 106

PREFACIO

No seas tan gentil con este libro encantador que tienes en tus manos. Está hecho para ser usado diariamente, e incluso varias veces al día. Deja que sus páginas se estrujen mientras tu hijo escoge una oración antes de comer, incluso aunque sea después de que haya tomado su primer bocado de algo delicioso. Las páginas serán manoseadas—esto también está bien—y así será más fácil buscar ciertas oraciones más fácilmente. Quizás tus hijos quieran colorear algunos de los atractivos dibujos. Déjalos. Usa la postal familiar de Navidad

como marcador para las páginas de Adviento, y la cruz de palmas que traíste a casa de la iglesia para las páginas de la Cuaresma y la Semana Santa. Y si nunca has visto una postal familiar de Navidad o no estás seguro qué es una cruz de palma, entonces este libro es también para ti, ya que hay oraciones para cada día, y el ciclo del año de la iglesia será suficiente para ayudarte a sentir el ritmo del tiempo de Dios.

Los hogares son tan sagrados como las iglesias, y nuestras oraciones ayudan a esto. Quizás las oraciones sean algo fácil para ti y para tu familia, y estarás encantado de añadir algunas oraciones nuevas. Quizás orar en familia es algo nuevo e incluso raro. Esta colección abarcadora y generosa te ayudará a comenzar. En estas páginas encontrarás oraciones tradicionales y nuevas, con imágenes de Dios que te serán familiares y lenguaje amplio para atraer nuestros corazones y nuestra imaginación. Hay salmos y cantos, santos y ángeles, palabras de consolación y de ánimo . . . A dondequiera que vayamos, Dios está con nosotros, así que hay oraciones para veladas, para la escuela y para el campamento. Jenifer y Timothy han encontrado o han escrito oraciones para cada ocasión y temporada. Hay oraciones para cuando se afloje un diente y en ocasiones trágicas, para cuando tengamos un examen y para un día de nieve, para celebraciones y para desilusiones, por aquellos en necesidad o problemas, por los amigos de otras religiones y para recordar que todos somos uno en Dios.

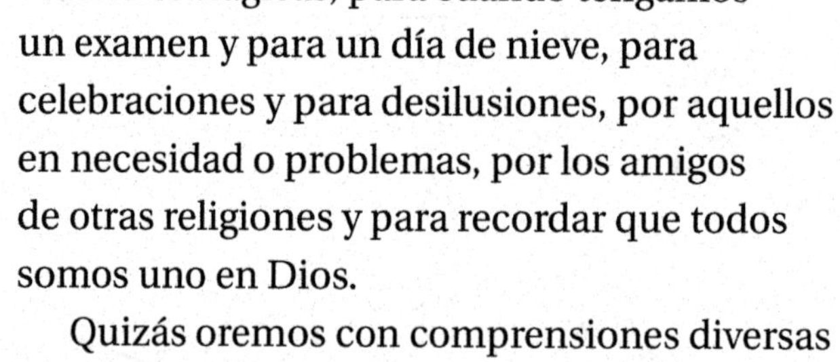

Quizás oremos con comprensiones diversas de cómo funciona la oración, o incluso puede que nos preguntemos si las oraciones verdaderamente funcionan, pero la oración es un camino que nos acerca a Dios. Oramos para ofrecer nuestra admiración y nuestra gratitud; oramos en gozo, tristeza, en ira o frustración. Oramos para poner en las manos de Dios lo que no podemos cargar solos. Orar en familia y enseñar a nuestros niños a orar es un regalo que dura toda nuestra vida, por generaciones.

Jenifer y Timothy, padres, sacerdotes, educadores y escritores, nos han ofrecido en este libro un regalo que también durará por generaciones, aunque esto implique, como yo espero, tener este libro estrujado, manoseado y pintado. Yo pronostico que muchas de estas oraciones serán aprendidas de memoria muy pronto, y otras, al ser usadas menos frecuentemente, serán las palabras necesarias en el momento necesario. Que las oraciones de este libro nos acerquen a Dios y unos a otros. Que podamos compartir el amor de Dios con todos aquellos que conozcamos. ¡Amen!

Wendy Claire Barrie
Trinity Wall Street

1ª PARTE

El Padrenuestro y las oraciones antes de comida

Jenifer creció en una familia que comía junta siempre, a no ser que uno de sus miembros estuviera en la escuela o el trabajo. Su familia esperaba por cada uno cada mañana durante la semana para orar y compartir el desayuno. Ellos esperaban hasta que cada uno llegara a casa de la escuela o del trabajo antes de comenzar a cenar. Las comidas eran sagradas. Y ellos siempre le "devolvían" las gracias a Dios antes de comer. "Devolver las gracias." Esta frase puede ser única en la familia de Jenifer, pero tiene sentido. Una vez que reconocemos que todo lo que tenemos y somos proviene de Dios, incluso cuando oramos estamos ofreciendo a Dios lo que ya pertenecía a Dios con antelación. Cuán justo es, entonces, devolver las gracias a Dios antes de comer, en gratitud por el fruto de la creación y el trabajo de las manos humanas.

Te animamos a unirte a la práctica de comer juntos frecuentemente en familia. Enciendan un a vela. Tomen y pasen tiempo conversando sobre el día o la semana. Comiencen la práctica de comer juntos y de orar, aunque sus niños sean muy pequeños. Tomen o sostengan sus manos mientras oran. Ellos aprenderán la oración con sus cuerpos. Muy pronto, ellos querrán unírseles. Cuando esto suceda, tú (y probablemente ellos también) habrán aprendido de memoria varias oraciones por los alimentos. Cuando estén listos, ellos comenzarán a decirlas y a compartir sus propias oraciones.

Cuando los hijos de Jenifer eran niños, ella plasticó un grupo de oraciones por los alimentos que habían sido coleccionadas en un libro encuadernado con anillos. Sus hijos habían decorado el libro. La familia escogió las oraciones que habían usado mientras se reunían alrededor de la mesa. Busca la forma que mejor funcione para ti y para tu familia y oren juntos.

¡Devolvamos la gracias a Dios!

PADRE † NUESTRO

El Padrenuestro

Padre nuestro que estás en el cielo,
santificado sea tu Nombre,
venga tu reino,
hágase tu voluntad,
en la tierra como en el cielo.
Danos hoy nuestro pan de cada día.
Perdona nuestras ofensas,
como también nosotros perdonamos
a los que nos ofenden.
No nos dejes caer en tentación
y líbranos del mal.
Porque tuyo es el reino,
tuyo es el poder,
y tuya es la gloria,
ahora y por siempre. Amen.

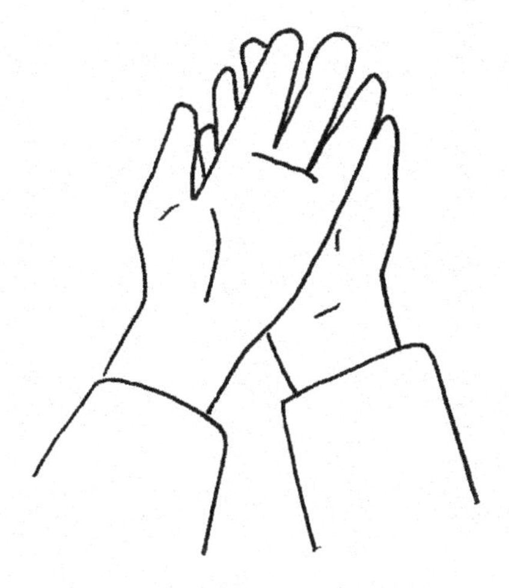

(Comunidad Iona)

Dios en los cielos,
que tu nombre sea honrado.
Hágase tu nueva comunidad de esperanza en la tierra
como en el cielo.
Danos hoy lo necesario para la vida.
Líbranos de nuestras malas acciones
así como libramos a aquellos que nos hicieron mal.
No nos pongas a pruebas más allá de lo que podemos soportar;
líbranos de todo lo malo.
Porque tuyos son la justicia, el amor y la paz
ahora y hasta el fin del tiempo.[1]

Oraciones antes de la comida

Gracias por el dulce mundo

Gracias por el dulce mundo.
Gracias por la comida sabrosa.
Gracias por las aves melodiosas.
Gracias, Dios, por todas las cosas.

(Basado en una oración de Edith Rutter Leatham)

Antes del pan fue la harina

Antes del pan fue la harina.
Antes de la harina, el molino.
Y antes del molino, la lluvia
de Dios, nuestro Buen Vecino.

(Basado en una oración anónima)

Bendice, oh Dios, estos dones

Bendice, oh Dios, estos dones para tu uso
y bendícenos para tu servicio amoroso y fiel.
Haznos ver las necesidades y deseos de los otros,
por tus muchos nombres oramos. Amen.

Ven a nuestra mesa

Ven a nuestra mesa, Señor.
Te adoramos aquí y en todo lugar.
De tus manos amorosas la comida hoy
recibimos contentos y dispuestos a dar.

(Basado en una oración de John Cennick)

Jesucito de Belén

Jesucito de Belén, bendice
nuestros alimentos y a nosotros también.
Jesús, que naciste en Belén,
gracias por darnos de comer.

Bendice, Señor, estos alimentos

Bendice, Señor, estos alimentos
que por tu bondad vamos a tomar.
El Rey de la gloria eterna
nos invita a la mesa celestial.

Danos el pan

Oh Dios, da pan a los que tienen hambre;
y hambre de ti a los que tienen pan.

Bendice, Señor, nuestra mesa

Bendice, Señor, nuestra mesa y enséñanos a compartir
nuestra alegría, ¡aleluya!, y nuestro pan también.
Gracias, Señor, por el pan que nos has regalado
y no te olvides de las manos que lo han preparado. Amén.

Enséñanos a tener hambre y sed de justicia

Dios fuente de vida,
te damos gracias por la comida que vamos a comer,
por la tierra, los animales y las personas
que hicieron posible esta comida.
Enséñanos a tener hambre y sed de justicia.
Ayúdanos a compartir lo que tenemos con otros
y llénanos con tu poder
para hacer del mundo un lugar mejor. Amen.

2ª PARTE

Oraciones durante el día

Dos de los más grandes regalos que los padres de Timothy le dieron a él y a sus hermanos fue un par de rituales. Cada mañana, uno de sus padres comenzaba el día con una canción, una oración y el recordatorio de recibir y compartir el amor de Jesús. Era un ritual simple, pero daba a cada día una alegre sensación de propósito y belleza. De forma similar, antes de apagar las luces cada noche, ellos pasaban algunos minutos orando juntos, cantando una breve canción y reflexionando acerca de la presencia de Dios entre ellos durante el día. No importaba cuán buenos o malos habían sido los sucesos del día, Timothy se quedaba dormido con la fe de que él, su familia y todo el universo estaban en las manos amorosas de Dios.

Orar es mejor cuando hay al menos dos o tres personas juntas, pero si estás solo también es posible (nunca estamos verdaderamente solos ya que los santos y los ángeles nos acompañan cada vez que oramos). El inicio y el final de cada oración en esta sección es responsorial: el líder comienza leyendo y todos responden diciendo lo que está escrito en negritas. El Padrenuestro, enseñado por Jesús a sus seguidores, siempre es dicho por todos. Las preguntas para la mañana y las reflexiones para la noche son también para todos. Si quieres, puedes distribuir las diferentes secciones de las oraciones entre las personas presentes. Quizás una persona querrá liderar mientras que otra leerá las Escrituras y las oraciones. La familia de Timothy hace sonar una vasija pequeña de metal y prende una vela antes de tener los segundos de silencio. Durante las oraciones al mediodía, algunas veces ellos se turnan la lectura de algunas líneas de los salmos o cánticos. En otras ocasiones ellos las dicen juntos.

No importa cómo lo hagan, recuerden que orar es parte de nuestra naturaleza. Aprender a orar es como aprender un arte, un deporte o un idioma—mientras más practicas la oración, mejor se siente.

¡Oremos!

Bendice...
la tierra,
las cosechas,
los trabajadores
y los
cocineros.
Disfruta el
almuerzo.
Amor,
tu mamá

Domingo: Celebración y recreación

Domingo en la mañana

Apertura

El Señor sea con ustedes.
Y también contigo.
Reunámonos en paz y silencio,

Pausa de diez segundos de silencio.

Dios, abre nuestros labios.
Y nuestra boca proclamará tu alabanza.

Gloria al Padre, al Hijo y al Espíritu Santo,
Dios y Madre de todos,
como era en el principio, ahora y siempre. Amen.

[¡Aleluya!] El Señor ha resucitado:
Vengan y adoremos juntos.

Canción

Demos gracias al Señor, demos gracias,
demos gracias al Señor.

En la mañana que se levanta, el día canta
y yo canto al Creador.
Cuando la noche se despereza,
con sueño ora y yo oro al Creador.

Demos gracias al Señor, demos gracias.
demos gracias al Señor.[2]

Escrituras

Mientras estaba sentado a la mesa con sus amigos, Jesús tomó el pan y lo bendijo; luego lo partió y les dio a ellos. En ese momento se les abrieron los ojos, y lo reconocieron. —Lucas 24:30–31, adaptado

Invitación

Abre tus ojos al misterio de Dios. ¿Dónde verás a Jesús hoy?

Oraciones

Dios de amor, reúne a todas las personas
como una familia humana.
Guía a nuestra comunidad, a nuestro país, al mundo.
Ayúdanos a ser bondadosos con todas las personas,
criaturas y con la tierra.
Cuida a todas las personas que están tristes,
en necesidad o en problemas.
Que todos los que han muerto descansen en paz.

¿Por qué más debemos orar?

El Padrenuestro *Oremos juntos*

Colecta

Dios todopoderoso, a través de tu Hijo Jesucristo
tú venciste la muerte con amor
y abriste las puertas de la vida eterna para nosotros.
Llévanos al misterio de la resurrección
y llénanos de tu Espíritu de vida
para que te acompañemos construyendo tu reino de
justicia y amor.
Oramos por tus muchos nombres. **Amen.**

Cierre

[¡Aleluya!] El Señor ha resucitado.
Demos gracias a Dios.

Domingo al mediodía

Apertura

Oh Dios, ven y sálvanos.
Oh Señor, ayúdanos.

Gloria al Dios Uno: Dios más allá de nosotros, Dios con nosotros y Dios en nosotros, como era en el principio, ahora y siempre. Amen.

Salmo 30

Te alabo, oh Dios, porque me has salvado.
Ustedes, pueblo fiel de Dios,
¡canten salmos y alaben su santo nombre!
Tal vez lloremos durante la noche,
pero en la mañana saltaremos de alegría.
Tú cambias mis lágrimas en danza;
me quitas la tristeza y me rodeas de alegría,
para que cante salmos a tu gloria.
Mi Dios, mi Dios:
¡siempre te daré gracias!
—Adaptado

Escrituras

¡Canten salmos al Señor,
porque sus obras son magníficas!
¡Que toda la tierra lo sepa! —Isaías 12:5

Credo

Creo en el Dios del cielo.
Creo en el amor de Jesús.
Creo en su Espíritu que viene
a enseñarnos con su luz
a ser como Jesús.
Creo que puedo hacer
lo que quieres, Dios. Amen.

El Padrenuestro *Oremos juntos*

Colecta

Gracias, Dios, por las alegrías del día.
Te damos gracias, danzando.

Cierre

Bendigamos al Señor.
Demos gracias a Dios.

Domingo en la noche

Apertura

Dios todopoderoso, regálanos una noche en paz
y un final perfecto.

Pausa de diez segundos de silencio.

Que los ángeles de Dios nos cuiden durante la noche
y nos guíen a la paz celestial.
Luz y paz, en Jesucristo, nuestro Señor.
Demos gracias a Dios.

Confesión *Oremos juntos*

Dios de amor,
te pedimos disculpas por lo malo que hemos pensado,
dicho o hecho
y por no hacer las cosas que debemos hacer.
Pedimos tu perdón.
Guíanos por tus caminos y sé parte de nuestras vidas.
Amen.

Canción

Nuestro sol ya se fue.
Ya dejó de alumbrar sobre el mar.
Todo es paz.
Solo Dios cerca está.

Escrituras

Si alguno está en Cristo, ya es una nueva creación;
atrás ha quedado lo viejo: ¡ahora ya todo es nuevo!
—2 Corintios 5:17

Reflexión del día

¿Dónde viste a Jesús hoy? ¿En la familia, en los amigos, en tus vecinos? ¿En tu mascota o en la naturaleza?

Padrenuestro *Oremos juntos*

Cántico de Simeón

Ahora despides, Señor, a tu siervo,
conforme a tu palabra, en paz;
porque mis ojos han visto a tu Salvador,
a quien has presentado ante todos los pueblos:
Luz para alumbrar a las naciones,
y gloria de tu pueblo Israel.

Gloria a la Trinidad santa y una,
Tres en Uno y Una en Tres,
como fue en el principio, ahora y siempre. Amen.

Guíanos mientras caminamos, oh Dios,
y protégenos mientras dormimos.
Que esperemos a Cristo despiertos
y dormidos descansemos en paz.

Lunes: Amor y fe

Lunes en la mañana

Apertura

El Señor sea con ustedes.
Y también contigo.
Reunámonos en paz y silencio.

Pausa de diez segundos de silencio.

Dios, abre nuestros labios.
Y nuestra boca proclamará tu alabanza.

Gloria al Padre, al Hijo y al Espíritu Santo,
Dios y Madre de todos,
como fue en el principio, ahora y siempre. Amen.

Dios es amor y el amor nos da fe.
Vengan y adoremos juntos.

Canción

Caminemos en la luz de Dios.
Caminemos en la luz de Dios.
Caminemos.
Caminemos.
Caminemos en la luz de Dios.[3]

Escrituras

Jesús respondió: "Amarás al Señor tu Dios con todo tu corazón, y con toda tu alma, y con toda tu mente. Este es el primero y más importante mandamiento. Y el segundo es semejante al primero: Amarás a tu prójimo como a ti mismo." —Mateo 22:37–39, adaptado

Invitación

¿Quién es tu prójimo? ¿Cómo puedes compartir el amor de Jesús hoy?

Oraciones

Dios de amor, reúne a todas las personas
como una familia humana.
Guía a nuestra comunidad, a nuestro país, al mundo.
Ayúdanos a ser bondadosos con todas las personas,
criaturas y con la tierra.
Cuida a todas las personas que están tristes,
en necesidad o en problemas.
Que todos los que han muerto descansen en paz.

¿Por qué más debemos orar?

El Padrenuestro *Oremos juntos*

Colecta

Dios Eterno, que creaste todas las cosas con amor,
te damos gracias por los regalos de la vida y la fe.
Abre nuestros corazones para recibir tu amor
para que seamos como Jesús,
al amarnos a nosotros mismos y a nuestro prójimo,
así como tú nos amas.
Oramos por tus muchos nombres. Amen.

Cierre

Dios es amor y el amor nos da fe.
Demos gracias a Dios.

Lunes al mediodía

Apertura

Oh Dios, ven y sálvanos.
Oh Señor, ayúdanos.

Gloria al Dios Uno: Dios más allá de nosotros, Dios con nosotros y Dios en nosotros, como fue en el principio, ahora y siempre. Amen.

Cántico del Amor Divino

El amor es paciente y bondadoso.
El amor no es envidioso ni alardea.
El amor no es arrogante; no hace nada impropio.
El amor no se alegra de la injusticia,
sino que se une a la alegría de la verdad.
El amor todo lo soporta.
El amor jamás dejará de existir.
Y ahora permanecen la fe, la esperanza y el amor.
Pero el más importante de todos es el amor.
—1 Corintios 13:4–8, 13, adaptado

Escrituras

Dios es amor; y quienes permanecen en amor, permanecen en Dios, y Dios en ellos. —1 Juan 4:16, adaptado

Credo

Creo en el Dios del cielo.
Creo en el amor de Jesús.
Creo en su Espíritu que viene
a enseñarnos con su luz
a ser como Jesús.
Creo que puedo hacer
lo que quieres, Dios. Amen.

El Padrenuestro *Oremos juntos*

Colecta

Gracias, Dios, por la fe, la esperanza y el amor.
Te damos gracias con nuestros corazones.

Cierre

Bendigamos al Señor.
Demos gracias a Dios.

Lunes en la noche

Apertura

Dios todopoderoso, regálanos una noche en paz
y un final perfecto.

Pausa de diez segundos de silencio.

Que los ángeles de Dios nos cuiden durante la noche
y nos guíen a la paz celestial.
Luz y paz, en Jesucristo, nuestro Señor.
Demos gracias a Dios.

Confesión *Oremos juntos*

Dios de amor,
te pedimos disculpas por lo malo que hemos pensado,
dicho o hecho
y por no hacer las cosas que debemos hacer.
Pedimos tu perdón.
Guíanos por tus caminos y sé parte de nuestras vidas.
Amen.

Canción

Quédate, Señor. Quédate, Señor.
Quédate, Señor en cada corazón.
Quédate, Señor. Quédate, Señor.
Quédate, Señor, aquí, aquí, aquí.[4]

Escrituras

Cuando Noemí decidió regresar a su pueblo, su nuera Rut le dijo: "A dondequiera que tú vayas, iré yo; dondequiera que tú vivas, viviré. Tu pueblo será mi pueblo, y tu Dios será mi Dios."
—Rut 1:16, adaptado

Reflexión del día

¿Quién fue tu prójimo hoy?
¿Cómo mostraste el amor de Jesús?
Recuerda que Dios te ama.

Padrenuestro *Oremos juntos*

Cántico de Simeón

Ahora despides, Señor, a tu siervo,
conforme a tu palabra, en paz;
porque mis ojos han visto a tu Salvador,
a quien has presentado ante todos los pueblos:
Luz para alumbrar a las naciones,
y gloria de tu pueblo Israel.

Gloria a la Trinidad santa y una,
Tres en Uno y Una en Tres,
como fue en el principio, ahora y siempre. Amen.

Guíanos mientras caminamos, oh Dios y protégenos
mientras dormimos.
Que esperemos a Cristo despiertos
y dormidos descansemos en paz.

Martes: Honradez y justicia

Martes en la mañana

Apertura

El Señor sea con ustedes.
Y también contigo.
Reunámonos en paz y silencio.

Pausa de diez segundos de silencio.

Dios, abre nuestros labios.
Y nuestra boca proclamará tu alabanza.

Gloria al Padre, al Hijo y al Espíritu Santo,
Dios y Madre de todos,
como fue en el principio, ahora y siempre. Amen.

La justicia abrirá un camino ante nuestros pasos.
Vengan y adoremos juntos.

Canción

Vamos cantando al Señor:
Él es nuestra alegría.
Vamos cantando al Señor:
Él es nuestra alegría.[5]

Escrituras

Jesús dijo: "Porque tuve hambre, y ustedes me dieron de comer; tuve sed, y me dieron de beber; fui extranjero, y me recibieron; estuve desnudo, y me dieron ropas; estuve enfermo, y me cuidaron; estuve en la cárcel, y vinieron a visitarme." —Mateo 25:35–36, adaptado

Invitación

¿A quién ves que ha sido olvidada o tratada mal? ¿Cómo puedes ser su amigo, como lo es Jesús?

Oraciones

Dios de amor, reúne a todas las personas
como una familia humana.
Guía a nuestra comunidad, a nuestro país, al mundo.
Ayúdanos a ser bondadosos con todas las personas,
criaturas y con la tierra.
Cuida a todas las personas que están tristes,
en necesidad o en problemas.
Que todos los que han muerto descansen en paz.

¿Por qué más debemos orar?

El Padrenuestro *Oremos juntos*

Colecta

Dios de compasión, tú eres amigo de cada persona.
Te agradecemos por la oportunidad de hacer lo correcto.
Ayúdanos a ver cuando otros están heridos o en dolor
para que podamos traer tu justicia y amor a sus vidas,
y mostrar que tú siempre estás con ellos.
Oramos por tus muchos nombres. **Amen.**

Cierre

La justicia abrirá un camino ante nuestros pasos.
Demos gracias a Dios.

Martes al mediodía

Apertura

Oh Dios, ven y sálvanos.
Oh Señor, ayúdanos.

Gloria al Dios Uno: Dios más allá de nosotros, Dios con nosotros y Dios en nosotros, como fue en el principio, ahora y siempre. Amen.

Del Salmo 146

Alaba, alma mía, al Señor.
Mientras yo viva, alabaré al Señor;
alabaré al Señor,
quien creó los cielos y la tierra,
y el mar y todos los seres que contiene.
La alegría llega para quienes hacen justicia
y dan de comer a los que tienen hambre.
Dios da libertad a los cautivos,
y les devuelve la vista a los ciegos.
El Señor levanta a los caídos;
y ama a los que practican la justicia.
El Señor protege a los extranjeros
y sostiene a las viudas y a los huérfanos,
pero los malvados caminan hacia la destrucción.
Dios estará con nosotros por siempre,
De generación en generación.
¡Alaben al Señor!
—Adaptado

Escrituras

Que fluya la justicia como un río, y que el derecho brote como un impetuoso arroyo. —Amós 5:24, adaptado

Credo

Creo en el Dios del cielo.
Creo en el amor de Jesús.
Creo en su Espíritu que viene
a enseñarnos con su luz
a ser todos como Jesús.
Creo que puedo hacer
lo que quieres, Dios. Amen.

El Padrenuestro *Oremos juntos*

Colecta

Gracias, Dios, por enseñarnos cómo cuidar de otros.
Te damos gracias con nuestras manos hacia lo alto en adoración.

Cierre

Bendigamos al Señor.
Demos gracias a Dios.

Martes en la noche

Apertura

Dios todopoderoso, regálanos una noche en paz
y un final perfecto.

Pausa de diez segundos de silencio.

Que los ángeles de Dios nos cuiden durante la noche
y nos guíen a la paz celestial.
Luz y paz, en Jesucristo, nuestro Señor.
Demos gracias a Dios.

Confesión *Oremos juntos*

Dios de amor,
te pedimos disculpas por lo malo que hemos pensado,
dicho o hecho
y por no hacer las cosas que debemos hacer.
Pedimos tu perdón.
Guíanos por tus caminos y sé parte de nuestras vidas.
Amen.

Canción

Nada te turbe.
Nada te espante.
Quien a Dios tiene nada le falta.
Nada te turbe.
Nada te espante.
Solo Dios basta.[6]

Escrituras

Cuando el rey le preguntó a la reina Ester lo que ella quería, ella respondió: "Si en verdad soy del agrado de su majestad, mi petición es que se me conceda la vida de mi pueblo y mi propia vida." —Ester 7:3, adaptado

Reflexión del día

La Reina Ester fue amiga de su pueblo.
¿Quiénes fueron tus amigos hoy?

Padrenuestro *Oremos juntos*

Cántico de Simeón

Ahora despides, Señor, a tu siervo,
conforme a tu palabra, en paz;
porque mis ojos han visto a tu Salvador,
a quien has presentado ante todos los pueblos:
Luz para alumbrar a las naciones,
y gloria de tu pueblo Israel.

Gloria a la Trinidad santa y una,
Tres en Uno y Una en Tres,
como fue en el principio, ahora y siempre. Amen.

Guíanos mientras caminamos, oh Dios,
y protégenos mientras dormimos.
Que esperemos a Cristo despiertos
y dormidos descansemos en paz.

Miércoles: Sabiduría y esperanza

Miércoles en la mañana

Apertura

El Señor sea con ustedes.
Y también contigo.
Reunámonos en paz y silencio.

Pausa de diez segundos de silencio.

Dios, abre nuestros labios.
Y nuestra boca proclamará tu alabanza.

Gloria al Padre, al Hijo y al Espíritu Santo,
Dios y Madre de todos,
como fue en el principio, ahora y siempre. Amen.

Tú eres la luz del mundo.
Vengan y adoremos juntos.

Canción

Hoy, Señor, te damos gracias
por la vida, la tierra y el sol;
hoy, Señor, queremos cantar
las grandezas de tu amor.[7]

Escrituras

No se enciende una lámpara y se pone debajo de un cajón, sino sobre el candelero, para que alumbre a todos los que están en casa. De la misma manera, que la luz de ustedes alumbre delante de todos, para que todos vean sus buenas obras y glorifiquen a su Padre, que está en los cielos. —Mateo 5:15–16, adaptado

Invitación

¿Cómo puedes hacer brillar tu luz en el mundo?
¿Qué conoces de Jesús que puede esparcir esperanza?

Oraciones

Dios de amor, reúne a todas las personas
como una familia humana.
Guía a nuestra comunidad, a nuestro país, al mundo.
Ayúdanos a ser bondadosos con todas las personas,
criaturas y con la tierra.
Cuida a todas las personas que están tristes,
en necesidad o en problemas.
Que todos los que han muerto descansen en paz.

¿Por qué más debemos orar?

El Padrenuestro *Oremos juntos*

Colecta

Dios de gloria, tú creaste la luz a través de tu palabra.
Te damos gracias por enviar a Jesús, tu Hijo,
como luz para todas las personas.
Ayúdanos a encontrar la luz en nosotros mismos y en otros
para que resplandezcamos como el sol
y mostremos el amor en todo lugar.
Oramos por tus muchos nombres. **Amen.**

Cierre

Tú eres la luz del mundo.
Demos gracias a Dios.

Miércoles al mediodía

Apertura

Oh Dios, apúrate y sálvanos.
Oh Señor, ayúdanos.

Gloria al Dios Uno: Dios más allá de nosotros, Dios con nosotros y Dios en nosotros, como fue en el principio, ahora y siempre. Amen.

Salmo 147:1–7

¡Aleluya! ¡Cuán bueno es cantarte a ti, nuestro Dios!
¡Cuán grato y hermoso es alabarte!
Tú reconstruyes Jerusalén,
y haces volver a los israelitas desterrados.
Tú reanimas a los descorazonados,
y sanas sus heridas.
Tú creas todas las estrellas del cielo,
y a cada una le pones nombre.
Tú eres grande y poderoso,
y tu sabiduría no tiene límite.
Tú exaltas a los humildes,
y humillas hasta el polvo a los malvados.
¡Te cantamos alabanzas, oh Todopoderoso!
¡Te cantamos con nuestros instrumentos musicales!
—Adaptado

Escrituras

Si alguno de ustedes necesita sabiduría, pídasela a Dios,
y él se la dará, pues Dios se la da a todos en abundancia
y sin hacer ningún reproche. —Santiago 1:5, adaptado

Credo

Creo en el Dios del cielo.
Creo en el amor de Jesús.
Creo en su Espíritu que viene
a enseñarnos con su luz
a ser todos como Jesús.
Creo que puedo hacer
lo que quieres, Dios. Amen.

El Padrenuestro *Oremos juntos*

Colecta

Gracias, Dios, por tu poder y sabiduría.
Te damos gracias con nuestras voces.

Cierre

Bendigamos al Señor.
Demos gracias a Dios.

Miércoles en la noche

Apertura

Dios todopoderoso, regálanos una
noche en paz
y un final perfecto.

Pausa de diez segundos de silencio.

Que los ángeles de Dios
nos cuiden durante la noche
y nos guíen a la paz celestial.
Luz y paz, en Jesucristo, nuestro Señor.
Demos gracias a Dios.

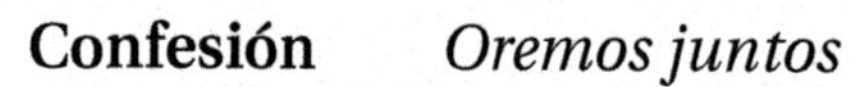

Confesión *Oremos juntos*

Dios de amor,
te pedimos disculpas por lo malo que hemos pensado,
dicho o hecho
y por no hacer las cosas que debemos hacer.
Pedimos tu perdón.
Guíanos por tus caminos y sé parte de nuestras vidas.
Amen.

Canción

Nuestro sol ya se fue.
Ya dejó de alumbrar sobre el mar.
Todo es paz.
Solo Dios cerca está.

Escrituras

Ama la sabiduría. Nunca la dejes, y ella te cuidará y te protegerá. En primer lugar, busca la sabiduría; sobre todas las cosas, busca inteligencia. Hónrala, y ella te levantará; abrázala, y ella te honrará. Ella pondrá una corona sobre tu cabeza; te coronará con una bella diadema. —Proverbios 4:6–9, adaptado

Reflexión del día

¿Dónde sientes a Dios iluminando en tu vida hoy?
¿En qué lugares brilla tu vida?

Padrenuestro *Oremos juntos*

Cántico de Simeón

Ahora despides, Señor, a tu siervo,
conforme a tu palabra, en paz;
porque mis ojos han visto a tu Salvador,
a quien has presentado ante todos los pueblos:
Luz para alumbrar a las naciones,
y gloria de tu pueblo Israel.

Gloria a la Trinidad santa y una,
Tres en Uno y Una en Tres,
como fue en el principio, ahora y siempre. Amen.

Guíanos mientras caminamos, oh Dios,
y protégenos mientras dormimos.
Que esperemos a Cristo despiertos
y dormidos descansemos en paz.

Jueves: Sanación y paz

Jueves en la mañana

Apertura

El Señor sea con ustedes.
Y también contigo.
Reunámonos en paz y silencio.

Pausa de diez segundos de silencio.

Dios, abre nuestros labios.
Y nuestra boca proclamará tu alabanza.

Gloria al Padre, al Hijo y al Espíritu Santo,
Dios y Madre de todos,
como fue en el principio, ahora y siempre. Amen.

Te daré paz en la tierra.
Vengan y adoremos juntos.

Canción

Cristo está conmigo,
Junto a mí va el Señor.
Me acompaña siempre
En mi vida hasta el fin.[8]

Escrituras

Se levantó una gran tempestad con vientos, y las olas azotaban la barca de tal manera que estaba por inundarse. Jesús se levantó, le ordenó al viento y dijo a las aguas: "¡Silencio! ¡A callar!" Y el viento se calmó,

y todo quedó en completa calma. Ellos estaban muy
asustados, y se decían unos a otros: "¿Quién es este,
que hasta el viento y las aguas lo obedecen?"
—Marcos 4:37, 39, 41, adaptado

Invitación

¿Alguna vez has sentido como que hay una tormenta
alrededor de ti?
¿Puedes pedirle paz a Jesús?

Oraciones

Dios de amor, reúne a todas las personas
como una familia humana.
Guía a nuestra comunidad, a nuestro país, al mundo.
Ayúdanos a ser bondadosos con todas las personas,
criaturas y con la tierra.
Cuida a todas las personas que están tristes,
en necesidad o en problemas.
Que todos los que han muerto descansen en paz.

¿Por qué más debemos orar?

El Padrenuestro *Oremos juntos*

Colecta

Dios todopoderoso, quien calmas el viento y las aguas,
te damos gracias por estar con nosotros
cuando estamos agitados y confundidos.
Ayúdanos a confiar en tu poder que trae paz a nuestro día
y nos da valentía para ser como Jesús,
quien calmó el mar frente a sus amigos.
Oramos por tus muchos nombres. **Amen.**

Cierre

Te daré paz en la tierra.
Demos gracias a Dios.

Jueves al mediodía

Apertura

Oh Dios, ven y sálvanos.
Oh Señor, ayúdanos.

Gloria al Dios Uno: Dios más allá de nosotros, Dios con nosotros y Dios en nosotros, como fue en el principio, ahora y siempre. Amen.

Cántico de Paz

¡Vengan, subamos al monte del Señor!
Él nos guiará por sus caminos,
y nosotros iremos por sus sendas.
Porque la palabra del Señor saldrá de Jerusalén.
Él juzgará entre las naciones,
y dictará sentencia a muchos pueblos.
Ellos convertirán sus espadas en arados,
y sus lanzas en herramientas para cultivar.
Ninguna nación levantará la espada contra otra nación,
ni se entrenarán más para hacer la guerra.
Vengan ustedes, los de la casa de Jacob;
caminemos a la luz de nuestro Dios.
—Adaptado

Escrituras

Jesús dijo: "La paz les dejo, mi paz les doy; yo no la doy como el mundo la da. No dejen que su corazón se preocupe ni tengan miedo. —Juan 14:27, adaptado

Credo

Creo en el Dios del cielo.
Creo en el amor de Jesús.
Creo en su Espíritu que viene
a enseñarnos con su luz
a ser todos como Jesús.
Creo que puedo hacer
lo que quieres, Dios. Amen.

El Padrenuestro *Oremos juntos*

Colecta

Gracias, Dios, por tus caminos de paz.
Te damos gracias con nuestras voces.

Cierre

Bendigamos al Señor.
Demos gracias a Dios.

Jueves en la noche

Apertura

Dios todopoderoso, regálanos una noche en paz
y un final perfecto.

Pausa de diez segundos de silencio.

Que los ángeles de Dios nos cuiden durante la noche
y nos guíen a la paz celestial.
Luz y paz, en Jesucristo, nuestro Señor.
Demos gracias a Dios.

Confesión *Oremos juntos*

Dios de amor,
Te pedimos disculpas por lo malo que hemos pensado,
dicho o hecho
y por no hacer las cosas que debemos hacer.
Pedimos tu perdón.
Guíanos en tus caminos y sé parte de nuestras vidas.
Amen.

Canción

Nada te turbe.
Nada te espante.
Quien a Dios tiene nada le falta.
Nada de te turbe.
Nada te espante.
Solo Dios basta.

Escrituras

Cuando Marta oyó que Jesús venía, salió a su encuentro; pero María se quedó en casa. Y Marta le dijo a Jesús: "Señor, si hubieras estado aquí, mi hermano no habría muerto. Pero también sé ahora que todo lo que le pidas a Dios, Dios te lo dará." —Juan 11:20–22, adaptado

Reflexión del día

¿Qué problemas viste o enfrentaste hoy?
¿Le pediste a Jesús que calmara la tempestad?

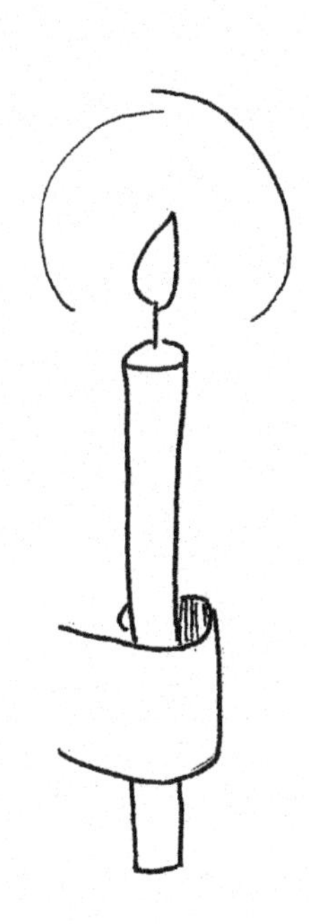

Padrenuestro *Oremos juntos*

Cántico de Simeón

Ahora despides, Señor, a tu siervo,
conforme a tu palabra, en paz;
porque mis ojos han visto a tu Salvador,
a quien has presentado ante todos los pueblos:
Luz para alumbrar a las naciones,
y gloria de tu pueblo Israel.

Gloria a la Trinidad santa y una,
Tres en Uno y Una en Tres,
como fue en el principio, ahora y siempre. Amen.

Guíanos mientras caminamos, oh Dios,
y protégenos mientras dormimos.
Que esperemos a Cristo despiertos
y dormidos descansemos en paz.

Viernes: Sacrificio y perdón

Viernes en la mañana

Apertura

El Señor sea con ustedes.
Y también contigo.
Reunámonos en paz y silencio.

Pausa de diez segundos de silencio.

Dios, abre nuestros labios.
Y nuestra boca proclamará tu alabanza.

Gloria al Padre, al Hijo y al Espíritu Santo,
Dios y Madre de todos,
como fue en el principio, ahora y siempre. Amen.

Felices los que buscan al Señor.
Vengan y adoremos juntos.

Canción

Alabaré, alabaré, alabaré a mi Señor.
Alabaré, alabaré, alabaré a mi Señor.[9]

Escrituras

Jesús dijo: "Yo soy el buen pastor; el buen pastor da su vida por las ovejas. Yo soy el buen pastor. Yo conozco a mis ovejas, y ellas me conocen a mí." —Juan 10:11,14

Invitación

¿Qué necesidades tienen las personas en tus alrededores?
¿Cómo podemos confiar en Jesús, el Buen Pastor, mientras
ofreces lo que tienes?

Oraciones

Dios de amor, reúne a todas las personas
como una familia humana.
Guía a nuestra comunidad, a nuestro país, al mundo.
Ayúdanos a ser bondadosos con todas las personas,
criaturas y con la tierra.
Cuida a todas las personas que están tristes,
en necesidad o en problemas.
Que todos los que han muerto descansen en paz.

¿Por qué más debemos orar?

El Padrenuestro *Oremos juntos*

Colecta

Dios de amor,
quien vivió y murió como cada uno de nosotros,
ayúdanos a escuchar tu voz y a seguir tus caminos
ofreciéndonos a otros,
para que estemos unidos en tu amor
y vivamos como el pueblo de tu Reino.
Oramos por tus muchos nombres. **Amen.**

Cierre

Felices los que confían en el Señor.
Demos gracias a Dios.

Viernes al mediodía

Apertura

Oh Dios, ven y sálvanos.
Oh Señor, ayúdanos.

Gloria al Dios Uno: Dios más allá de nosotros, Dios con nosotros y Dios en nosotros, como fue en el principio, ahora y siempre. Amen.

Cántico de los corazones vivientes

Dios nos llama de todas las naciones y países,
y nos traerá de vuelta a su tierra.
Dios echará agua limpia sobre ustedes,
y nos limpiará de todas nuestras acciones impuras.
Dios nos dará un corazón nuevo
y pondrá en nosotros un espíritu nuevo;
nos quitará el corazón de piedra que ahora tenemos
y nos dará un corazón sensible.
—Basado en Ezequiel 36:24–26

Escrituras

Sean bondadosos, misericordiosos y perdónense unos a otros, así como también Dios los perdonó a ustedes en Cristo.
—Efesios 4:32, adaptado

Credo

Creo en el Dios del cielo.
Creo en el amor de Jesús.
Creo en su Espíritu que viene
a enseñarnos con su luz
a ser todos como Jesús.
Creo que puedo hacer
lo que quieres, Dios. Amen.

El Padrenuestro *Oremos juntos*

Colecta

Gracias, Dios, por tu perdón.
Te damos gracias con nuestros espíritus.

Cierre

Bendigamos al Señor.
Demos gracias a Dios.

Viernes en la noche

Apertura

Dios todopoderoso, regálanos una noche en paz
y un final perfecto.

Pausa de diez segundos de silencio.

Que los ángeles de Dios nos cuiden durante la noche
y nos guíen a la paz celestial.
Luz y paz, en Jesucristo, nuestro Señor.
Demos gracias a Dios.

Confesión *Oremos juntos*

Dios de amor,
te pedimos disculpas por lo malo que hemos pensado,
dicho o hecho
y por no hacer las cosas que debemos hacer.
Pedimos tu perdón.
Guíanos por tus caminos y sé parte de nuestras vidas.
Amen.

Canción

Nuestro sol ya se fue.
Ya dejó de alumbrar sobre el mar.
Todo es paz.
Solo Dios cerca está.

Escrituras
Por sobre todas las cosas, ámense intensamente los unos a los otros, porque el amor perdona todos los pecados.
—1 Pedro 4:8, adaptado

Reflexión del día

¿Hay algo por lo que necesitas pedir perdón para comenzar el fin de semana en paz?
¿Qué caminos podemos tomar para seguir a Jesús y ser más perdonadores con otros?

Padrenuestro *Oremos juntos*

Cántico de Simeón

Ahora despides, Señor, a tu siervo,
conforme a tu palabra, en paz;
porque mis ojos han visto a tu Salvador,
a quien has presentado ante todos los pueblos:
Luz para alumbrar a las naciones,
y gloria de tu pueblo Israel.

Gloria a la Trinidad santa y una,
Tres en Uno y Una en Tres,
como fue en el principio, ahora y siempre. Amen.

Guíanos mientras caminamos, oh Dios,
y protégenos mientras dormimos.
Que esperemos a Cristo despiertos
y dormidos descansemos en paz.

Sábado: Renovación y descanso

Sábado en la mañana

Apertura

El Señor sea con ustedes.
Y también contigo.
Reunámonos en paz y silencio.

Pausa de diez segundos de silencio.

Dios, abre nuestros labios.
Y nuestra boca proclamará tu alabanza.

Gloria al Padre, al Hijo y al Espíritu Santo,
Dios y Madre de todos,
como fue en el principio, ahora y siempre. Amen.

Vivamos en tu casa por siempre.
Vengan y adoremos juntos.

Canción

Demos gracias al Señor, demos gracias,
demos gracias al Señor.

En la mañana que se levanta,
el día canta y yo canto al creador.
Cuando la noche se despereza,
con sueño ora y yo oro al creador.

Demos gracias al Señor, demos gracias.
Demos gracias al Señor.

Escrituras

Jesús dijo: "Hagan su casa en mí, así como yo hago mi casa en ustedes." —Juan 15:4, adaptado

Invitación

¿Cómo puedes hacer que tu corazón sea la casa de Jesús?
¿Cómo puedes vivir en el corazón de Jesús?

Oraciones

Dios de amor, reúne a todas las personas
  como una familia humana.
Guía a nuestra comunidad, a nuestro país, al mundo.
Ayúdanos a ser bondadosos con todas las personas,
  criaturas y con la tierra.
Cuida a todas las personas que están tristes,
  en necesidad o en problemas.
Que todos los que han muerto descansen en paz.

¿Por qué más debemos orar?

El Padrenuestro *Oremos juntos*

Colecta

Dios, tú vives en mi corazón.
Tu Espíritu vive en todas las personas.
Inspíranos a encontrar formas de abrir nuestras casas
como lugares de descanso y juego
y así descubrir
cómo compartir un hogar común contigo.
Oramos por tus muchos nombres. **Amen.**

Cierre

Vivamos en tu casa para siempre.
Demos gracias a Dios.

Sábado al mediodía

Apertura

Oh Dios, ven y sálvanos.
Oh Señor, ayúdanos.

Gloria al Dios Uno: Dios más allá de nosotros, Dios con nosotros y Dios en nosotros, como fue en el principio, ahora y siempre. Amen.

Salmo 23

El Señor es mi pastor; nada me falta.
En campos de verdes pastos me hace descansar;
me lleva a arroyos de aguas tranquilas.
Me infunde nuevas fuerzas
y me guía por el camino correcto,
para hacer honor a su nombre.
Aunque deba yo pasar por el valle más sombrío,
no temo sufrir daño alguno, porque tú estás conmigo;
con tu vara de pastor me infundes nuevo aliento.
Me preparas un banquete
aunque esté en medio de problemas;
derramas perfume sobre mi cabeza
y me llenas de bendiciones.
Sé que tu bondad y tu misericordia
me acompañarán todos los días de mi vida,
y que en tu casa, oh Señor, viviré por siempre.
—adaptado

Escrituras

Y vio Dios todo lo que había hecho, y todo ello era muy bueno.
Dios descansó en el día séptimo. Y Dios bendijo el día séptimo,
y lo santificó, porque en ese día reposó toda la creación.
—Génesis 1:31–2:3, adaptado

Credo

Creo en el Dios del cielo.
Creo en el amor de Jesús.
Creo en su Espíritu que viene
a enseñarnos con su luz
a ser todos como Jesús.
Creo que puedo hacer
lo que quieres, Dios. Amen.

El Padrenuestro *Oremos juntos*

Colecta

Gracias, Dios, por el descanso.
Te damos gracias con nuestras almas.

Cierre

Bendigamos al Señor.
Demos gracias a Dios.

Sábado en la noche

Apertura

Dios todopoderoso, regálanos una noche en paz
y un final perfecto.

Pausa de diez segundos de silencio.

Que los ángeles de Dios nos cuiden durante la noche
y nos guíen a la paz celestial.
Luz y paz, en Jesucristo, nuestro Señor.
Demos gracias a Dios.

Confesión *Oremos juntos*

Dios de amor,
te pedimos disculpas por lo malo que hemos pensado,
dicho o hecho
y por no hacer las cosas que debemos hacer.
Pedimos tu perdón.
Guíanos por tus caminos y sé parte de nuestras vidas.
Amen.

Canción

Nuestro sol ya se fue.
Ya dejó de alumbrar sobre el mar.
Todo es paz.
Solo Dios cerca está.

Escrituras

Yo atraeré a mi pueblo hacia mí. Los amaré con todo mi corazón, ya no estaré molesto con ellos. Yo seré para el pueblo de Israel como el rocío, y él florecerá como el lirio y extenderá sus raíces como los árboles del Líbano. —Oseas 14:4–5, adaptado

Reflexión del día

¿Cómo descansaste hoy?
¿En qué lugar te sientes como en casa?
Recuerda que Dios te ama.

Padrenuestro *Oremos juntos*

Cántico de Simeón

Ahora despides, Señor, a tu siervo,
 conforme a tu palabra, en paz;
porque mis ojos han visto a tu Salvador,
 a quien has presentado ante todos los pueblos:
Luz para alumbrar a las naciones,
 y gloria de tu pueblo Israel.

Gloria a la Trinidad santa y una,
Tres en Uno y Una en Tres,
como fue en el principio, ahora y siempre. Amen.

Guíanos mientras caminamos, oh Dios,
 y protégenos mientras dormimos.
Que esperemos a Cristo despiertos
y dormidos descansemos en paz.

3ª PARTE

Oraciones durante el año

El año litúrgico nos lleva a un viaje de fe que nos acerca a Dios. Durante el mismo recordamos la vida, muerte y resurrección de Jesús, lo cual nos ayuda a acercar las estaciones litúrgicas a nuestras vidas. Al tomar la oportunidad de marcar el año con oraciones y actividades especiales, tu familia puede practicar la espera, la celebración, la confesión mientras crece y reconoce a Dios en medio de ella.

El año de la iglesia—el cual es diferente al calendario anual secular—está anclado en dos fiestas principales: el nacimiento de Jesús (Navidad) y la resurrección de Jesús (Pascua). Nosotros comenzamos el año con el Adviento y nos movemos por la vida de Jesús: desde el nacimiento, a través del ministerio de Jesús, hasta su muerte y resurrección.

Las oraciones que ofrecemos aquí ayudarán a tu familia a marcar ese viaje mientras se detienen para encender una vela en Adviento, para colocar un árbol de Navidad, para preparar los adornos del nacimiento de Jesús y celebrar la llegada de los magos. Luego recordarán los días finales de Jesús antes de morir. Finalmente nosotros celebramos el misterio de Jesús al resucitar de la muerte durante la Pascua. Sean creativos como familia cuando celebren las estaciones litúrgicas del año de la iglesia. Ustedes podrán sacar cada vez servilletas de papel o tela del color de cada estación (la mamá de Jenifer hacía esto siempre). Un diseño en azul para Adviento, blanco para Navidad y Pascua, verde para Epifanía y la estación después de Pentecostés, rojo para Pentecostés y los días de los santos, y morado para Cuaresma.

Recordar el año de la iglesia en tus celebraciones familiares conecta a la iglesia con el hogar y le recuerda a toda la familia que la fe se vive siete días a la semana, 365 días en el año, en nuestras vidas diarias.

HOLY HOLY HOL
A
Ω

Adviento

Al encender las velas de Adviento

Una tradición durante el Adviento es crear una corona hecha de ramas verdes en forma de círculo con cuatro velas, una para cada semana del Adviento. Cada vez que encendemos una vela recordamos la venida de la luz en medio de la oscuridad, tal como lo prometió Dios. Cada semana, comenzando el domingo, enciende otra vela de Adviento y mira la luz crecer mientras nos acercamos a la celebración del nacimiento de Jesús.

Primera semana de Adviento

Encienda una vela.

El pueblo que andaba en tinieblas vio una gran luz; sí, la luz resplandeció para los que vivían en un país de sombras de muerte. —Isaías 9:2

Mientras encendemos la primera vela de la corona de Adviento, damos gracias por la gran luz del mundo, tu Hijo, Jesucristo, quien es nuestra luz en el mundo para que no caminemos más en la oscuridad. Que nuestras vidas sean una luz para otros. Amen.

Segunda semana de Adviento

Enciende dos velas.

Hubo un hombre enviado de Dios, el cual se llamaba Juan. Este vino para dar testimonio de la luz, para que todos creyeran por él. —Juan 1:6–7 (adaptado).

Mientras encendemos las dos primeras velas de la corona de Adviento, damos la bienvenida a los profetas que hacen iluminar tu luz en el mundo, especialmente (*presentar nombres*). Ayúdanos a estar listos para recibir a Jesús una vez más. Amen.

Tercera semana de Adviento

Enciende tres velas.

En otra ocasión, Jesús dijo: "Yo soy la luz del mundo; el que me sigue, no andará en oscuridad, sino que tendrá la luz de la vida." —Juan 8:12

Mientras encendemos las tres primeras velas de la corona de Adviento damos gracias por tu gran amor en Jesús, tu Hijo. Abre nuestros corazones para recibir tu amor y muéstranos el camino para dar ese amor a los demás. Amen.

Cuarta semana de Adviento

Enciende cuatro velas.

"Mis ojos han visto ya tu salvación que has preparado a la vista de todos los pueblos: luz reveladora para las naciones y gloria para tu pueblo Israel." —Lucas 2:30–32

Mientras encendemos las cuatro velas de la corona de Adviento, te damos gracias por tu gran amor en Jesús, tu Hijo. Ayúdanos a crear espacio en nuestros corazones para que tu amor viva en nuestros cuerpos, mentes y espíritus. Amen.

Navidad

Al bendecir el árbol de Navidad

Por siglos en el hemisferio norte los árboles han sido colocados en los hogares durante el invierno frío y oscuro en anticipación de la primavera. Hoy muchos hogares decoran esos árboles en anticipación festiva del regalo de Jesús, nacido en el día de la Navidad. Considera esperar hasta la Noche Buena (24 de diciembre) para encender las luces del árbol y bendecirlo.

La luz resplandece en las tinieblas y las tinieblas no vencieron a la luz. —Juan 1:5 (adaptado)

Dios creador, nos reunimos alrededor de este árbol en acción de gracias por la creación y por tu amor. Esperamos con alegría la llegada de tu Hijo, Jesús. Bendice este árbol de luz para que ilumine nuestra noche y nos recuerde que Jesús es la luz de todos los pueblos. Bendícenos también a nosotros para que compartamos el regalo de la luz con los demás. Amen.

Al preparar el pesebre de Jesús

Preparar la decoración del pesebre de Jesús es una maravillosa oportunidad para contar por partes la historia del nacimiento de Jesús. Considera colocar el pesebre vacío y los animales al inicio del Adviento; y a María y a José en camino a la casa en Belén. Esta oración es apropiada al inicio de su viaje.

María y José fueron de Nazaret en Galilea hasta el pueblo de Belén en Judea, el mismo pueblo donde había nacido el rey David.
—basado en Lucas 2:4–5

Dios de quienes sueñan y tienen esperanza, te pedimos tu bendición mientras nos preparamos para la llegada de Jesús. Danos la gracia de hacer espacio en nuestros corazones para recibir a Jesús mientras hacemos el viaje con María y José hacia la mañana de Navidad. Amen.

Epifanía

Fiesta de la Epifanía

Cuando entraron en la casa, los magos vieron al niño con su madre María y arrodillándose ante él, lo adoraron. Luego, abrieron sus tesoros y le ofrecieron oro, incienso y mirra. —Mateo 2:11 (adaptado)

Dios de las sorpresas y los regalos,
tú te revelaste en un bebé recién nacido.
A través de una estrella, guiaste a los pueblos de la tierra
a adorar a Jesús, tu Hijo único:
Guíanos para verte cara a cara
y ayúdanos a descubrir nuestros dones y talentos
para que los ofrezcamos a ti y a tu servicio.
Haznos ser como la luz de Jesús en el mundo hoy. Amen.

Fiesta del Bautismo de Jesús

Un día en que todo el pueblo estaba siendo bautizado, también fue bautizado Jesús. Y mientras Jesús oraba, el cielo se abrió y el Espíritu Santo descendió sobre él en forma de paloma. Entonces vino una voz del cielo, que decía: "Tú eres mi Hijo amado, en quien encuentro alegría." —Lucas 3:21–22 (adaptado)

Dios de los nuevos comienzos,
en las aguas del bautismo
recibimos tu Espíritu Santo
y nos unimos a Jesús;
ayúdanos a vivir como hijos e hijas de Dios,
llenos de tu amor celestial,
para que todas las personas y criaturas de la tierra
vivan felices como una familia. Amen.

Cuaresma

Miércoles de Cenizas

Entonces, del polvo de la tierra Dios
el Señor formó a los seres humanos,
e infundió en su nariz aliento de vida.
Así el ser humano llegó a tener vida.
—Génesis 2:7 (adaptado)

Dios todopoderoso,
tú nos creaste del polvo de la tierra
y pusiste aliento de vida en nosotros.
Haz que las cenizas de este Miércoles de Cenizas
sean una señal de que somos humanos
y que algún día regresaremos nuevamente al polvo.
Haz que recordemos siempre
que aunque muramos,
tú nos has prometido el regalo de la vida eterna. Amen.

Estación de Cuaresma

Después de ser bautizado, Jesús volvió del Jordán lleno del Espíritu Santo, y fue llevado por el Espíritu al desierto. Allí estuvo cuarenta días, y el diablo lo estuvo poniendo a prueba. —Lucas 4:1–2 (adaptado)

Dios de misericordia y perdón,
tú nos hiciste para amarte a ti, a tu creación
y a nuestro prójimo como a nosotros mismos,
pero caímos en pecado
cuando decidimos hacer lo malo.
Guíanos a través de los cuarenta días de la Cuaresma
para que estemos más cerca de ti
a través de la oración, del ayuno y del servicio. Amen.

Semana Santa

Domingo de Ramos

¡Bendito el que viene en el nombre del Señor! Desde el templo del Señor lo bendecimos. —Salmo 118:26

Alaben a Dios, alaben a Dios, alaben a Dios, una vez más,
dando la bienvenida a Jesús en medio del camino.
Alzando nuestras palmas decimos:
Hosanna, hosanna en medio del camino.
Bienvenido Jesús, nuestro bendito rey.
Alaben a Dios, alaben a Dios, alaben a Dios, así cantamos.
Amen.

Lunes de Semana Santa

Jesús dijo: "Lleven mi yugo sobre ustedes, y aprendan de mí, que soy manso y humilde de corazón, y hallarán descanso para su alma . . ."—Mateo 11:29 (adaptado)

Camina conmigo, Jesús, camina conmigo.
Como ves, el camino no es siempre fácil,
pero tu amor llega hasta los cielos
y me sostiene para que yo pueda seguir caminando.
Como ves, el camino no es siempre fácil.
Camina conmigo, Jesús, camina conmigo. Amen.

Martes de Semana Santa

Jesús dijo: "Si alguno me sirve, sígame; donde yo esté, allí también estará mi servidor." —Juan 12:26

Te seguiré, Jesús, persiguiendo el amor
y la tierra se acercará al cielo.
Cuando servimos a otros y hacemos buenas obras,
cuando mostramos a otros bondad y cuidado ante
    sus necesidades
la tierra se acercará al cielo.
Te seguiré, Jesús, te seguiré. Amen.

Miércoles de Semana Santa

Jesús les dijo: "Por un poco más de tiempo la luz está entre ustedes . . . Mientras tengan la luz, crean en la luz, para que sean hijos de la luz." —Juan 12:35–36 (adaptado)

La luz de Cristo brilla en mí y en los demás.
En la familia de Dios
    todos somos hermanos y hermanas.
Es luz lo que ves con tu corazón para creer.
Es luz lo que compartes,
    lo que das y lo que recibes.
En la familia de Dios
    todos somos hermanos y hermanas
y la luz de Cristo brilla en mí y en los demás.
    Amen.

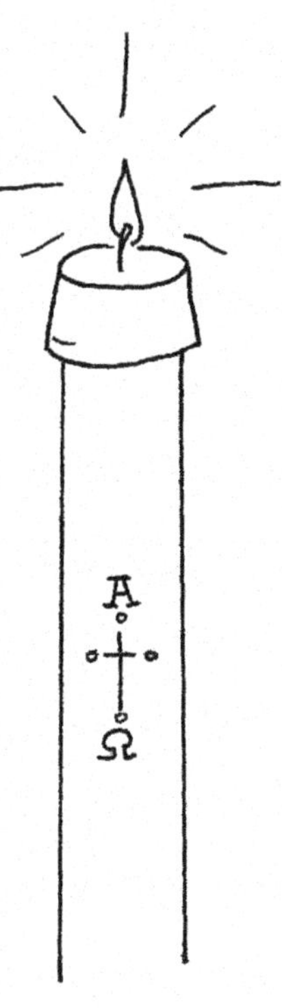

Jueves Santo

Jesús le dijo a sus discípulos: "Un mandamiento nuevo les doy: Que se amen unos a otros. Así como yo los he amado, ámense también ustedes unos a otros. En esto conocerán todos que ustedes son mis discípulos, si se aman unos a otros." —Juan 13:34–35

Un mandamiento nuevo diste sentado a la mesa:
que nos amemos unos a otros tanto como podamos.
Cuando nos amamos unos a otros, todos sabrán que es cierto,
que nosotros y nuestros amigos te seguimos verdaderamente.
Así que, recordemos el mandamiento del amor
para que el mundo se parezca más al cielo. Amen.

Viernes Santo

Jesús dijo: "Consumado es". Luego inclinó la cabeza y entregó su vida. —Juan 19:30 (adaptado)

Cuando Jesús murió aquel día en la cruz
toda la creación suspiró: "Esta es una gran pérdida."
El tiempo pasó en el vacío y la tarde se oscureció,
como si la luz del mundo no tuviera ni siquiera una llamita.
Las mujeres se quedaron a la distancia, llorando,
preguntándose qué pasaría con sus temores.
No tengan miedo, le dirán los ángeles muy pronto.
La muerte de Jesús nos ha dado el camino. Amen.

Sábado Santo

En el lugar donde Jesús fue crucificado, había un huerto, y en el huerto había una tumba nueva, en la que aún no habían puesto a nadie. Allí pusieron a Jesús. —Juan 19:41–42 (adaptado)

Pocas palabras decimos durante este día de vacío,
este día que susurra con un gran lamento.
Nos sentamos en el jardín, a un lado de la tumba,
sabiendo que pronto esta se convertirá en un vientre. Amen.

Vigilia Pascual

Ustedes, los cielos, ¡canten alabanzas! ¡Que canten los montes en alabanzas! —Isaías 49:13

¡Aleluya! ¡Aleluya! Así cantamos esta noche
junto a los cielos y a la tierra que se alegran por todo lo alto.
Jesús, nuestro Señor, ha resucitado hoy.
El amor de Dios y la luz han llegado para quedarse.
Únanse a los cielos y a la tierra que se alegran por todo lo alto.
¡Aleluya! ¡Aleluya! Así cantamos esta noche. Amen.

Pascua

Estación de Pascua

Pero el ángel les dijo a las mujeres: "No tengan miedo. Yo sé que buscan a Jesús, el que fue crucificado. No está aquí, pues ha resucitado, como él dijo." —Mateo 28:5 (adaptado)

A través de Jesús
el amor de Dios triunfó sobre la muerte
y nos abrió las puertas de la nueva vida para siempre.
Guíanos, Jesús Resucitado, al misterio de la Pascua
y llénanos con tu Santo Espíritu
para que podamos seguirte
en la construcción de tu reino de justicia y amor. Amen.

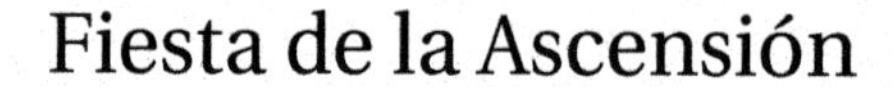

Fiesta de la Ascensión

Jesús levantó sus manos y bendijo a sus discípulos. Mientras los bendecía, se apartó de ellos y fue llevado a las alturas del cielo. Ellos lo adoraron, y después volvieron muy felices a Jerusalén . . . —Lucas 24:50–52

Dios de todos los tiempos y lugares,
cuando viniste a través de Jesucristo,
tú bajaste el cielo y lo acercaste a la tierra.
Entonces, cuando te fuiste,
tú comenzaste a subir la tierra hacia los cielos.
Bendícenos para que podamos continuar adorándote
con alegría en el poder del Espíritu Santo
e invitando a todos los pueblos de la tierra
a ser parte de tu reino celestial. Amen.

Pentecostés

Día de Pentecostés

Cuando llegó el día de Pentecostés, un fuerte viento vino del cielo, y sopló y llenó toda la casa. Ellos vieron unas lenguas como de fuego sobre cada uno de los discípulos. Todos ellos fueron llenos del Espíritu Santo, y comenzaron a hablar en otras lenguas . . . —Hechos de los Apóstoles 2:1–4 (adaptado)

Creador de los idiomas y del silencio,
Santo Espíritu del agua, del fuego y del viento,
te damos gracias por todos los idiomas de la tierra.
Llena nuestras almas y a la Iglesia con tu santa llama de fuego
y bendice nuestras bocas para que cuenten al mundo
acerca del amor que nos une. Amen.

Otros días festivos

Domingo de la Trinidad

Salúdense unos a otros con un beso santo. Todo el pueblo de Dios les manda saludos. Que la gracia del Señor Jesucristo, el amor de Dios, y la comunión del Espíritu Santo sean con todos ustedes.
—2 Corintios 13:12–13

Santa Trinidad, misterio que baila entre la creación,
tú eres Luz de Luz,
por eso te adoramos como un solo Dios:
Amante, Amado y Amor.
Abre nuestros ojos para reconocer que somos tus hijos.
Abre nuestros corazones a la vida de Jesús, tu Hijo.
Abre nuestras vidas para recibir tu Espíritu. Amen.

El Cuerpo de Cristo

Todos fuimos bautizados en un Espíritu en un solo cuerpo . . . Así que, si uno de los miembros sufre, todos los miembros sufren con él, y si uno de los miembros recibe honores, todos los miembros celebrarán con él. —1 Corintios 12:13.26 (adaptado)

Señor Jesús,
tú invitas a todas las personas a la mesa de Dios
para compartir juntos nuestras vidas y nuestras historias.
Gracias por compartir tu cuerpo como pan del cielo
y tu sangre como copa de salvación.
Cuando el pan y el vino que comemos y bebemos
llegan a formar parte de nuestros cuerpos,
nosotros llegamos a formar parte del Cuerpo de Cristo,
por el poder del Espíritu Santo.
Por eso te damos gracias. Amen.

Días de Todos los Santos y de Todas las Almas

Ustedes son ciudadanos queridos de los santos, y miembros de la familia de Dios. —Efesios 2:19, adaptado

Hoy celebramos las vidas de los santos y santas
que nos inspiran, rodean y ayudan
en nuestro viaje de fe.
Ayúdanos, oh Dios, a unirnos a ellos en amistad y unidad.
Haz que aprendamos de sus vidas, que sigamos sus pasos
y vivamos vidas santas que hagan brillar la luz de Jesús.
Haz que recordemos a todos los que han muerto,
cuyas almas son protegidas por tu amor eterno. Amen.

4ª PARTE

Oraciones durante la estación de crecimiento

Los padres de Jenifer quisieron que cuando ella era una niña, dedicara un momento cada día para estar sola. Su deseo la molestaba mucho. Jenifer quería jugar con su hermano, hablar con sus amigos o mirar televisión. Pero ella iba a regañadientes a la hamaca del patio trasero para su tiempo en soledad. Mientras se balanceaba en la hamaca, mirando en lo alto la reja cubierta de hojas que servía de techado, ella sentía que su frustración desaparecía mientras sentía los calurosos rayos del sol atravesando entre las hojas. Su calor abría su corazón y ella escuchaba una voz bondadosa y amorosa.

Sus padres querían que ella conociera a Dios por ella misma. Ellos creían que la oración o un tiempo de calma era la manera de lograrlo. Su sensibilidad estaba relacionada con su crianza. Como metodistas, su padre reservaba el domingo, el día de descanso, para orar por la familia. No baile. No música. No juego de cartas ni nada de diversión. Orar significaba estar tranquilos sin hacer ninguna actividad. Su padre sabía por la Biblia de las muchas veces que Jesús se despidió de las multitudes para estar solo y hablar con Dios—después de su bautismo, después de alimentar a cinco mil personas, antes de su arresto.

Pero la oración no es solo silencio o estar en soledad. No es solo pedir cosas con delicadeza. La oración es una conversación honesta. Mirian cantó y bailó después de cruzar el Mar Rojo. Ana lloró por un hijo. Los salmistas gritaron con rabia a Dios. Abraham incluso se atrevió a proponerle un trato a Dios. Todas estas son formas de orar—cantar, bailar, llorar, gritar, proponer un trato. Tengamos en cuenta todas estas formas. Estas oraciones reflejan una conversación verdadera y honesta de oración.

En esta sección encontrarás oraciones para usar en la casa, en la escuela y en el campamento, mientras aprendemos a montar bicicleta, durante el primer día de escuela o cuando sentimos miedo de la oscuridad. No tengas pena. Dios quiere oír todas tus oraciones.

Por mí

Gozo

¡Canten alegres al Señor, habitantes de toda la tierra! —Salmo 100:1

¡Alégrense! ¡Alégrense!
Saltemos de alegría
y cantemos con alegría
porque el Señor es Dios
y Él nos hizo.
Somos hijos e hijas de Dios, siempre.
¡Alégrense! ¡Alégrense! Amen.

Visiones

"... derramaré mi espíritu sobre la humanidad entera, y los hijos y las hijas de ustedes profetizarán; los ancianos tendrán sueños, y los jóvenes recibirán visiones. —Joel 2:28

Dios, quien visitaste a Jacob, a José y a María en sus visiones,
tú has prometido que nuestros ancianos tendrán sueños
y que nuestros jóvenes verán visiones.
Envía tu Santo Espíritu a nuestros pensamientos
y haz que ellos fluyan en todo lo que hacemos
para que tus sueños y visiones se hagan realidad. Amen.

Paz interior

Jesús se levantó . . . y dijo a las aguas: "¡Silencio! ¡A callar!" Y el viento se calmó, y todo quedó en completa calma. —Marcos 4:39

Dios, quien calmas las tormentas con un susurro
y serenas las olas del mar,
calma los ruidos que retumban dentro de mí,
alisa los bordes afilados de mi alma
y dame paz
en medio de la tormenta. Amen.

Salud

Pedro se dirigió a la muchacha y dijo: "Tabitá, ¡levántate!" Ella abrió los ojos y, cuando vio a Pedro, se puso de pie. Pedro le dio la mano y la levantó. —Hechos 9:40–41 (adaptado)

Oh Dios, tú eres mi fortaleza.
Así como Pedro levantó a Tabitá,
llena mi corazón con fe en tu amor.
Dame un espíritu paciente y de paz
para que todo lo que cause sufrimiento hoy
pueda recibir tu poder sanador
y yo pueda levantarme otra vez. Amen.

Seguridad

. . . yo estoy contigo. Yo te protegeré por dondequiera que vayas, y volveré a traerte de vuelta a esta tierra. —Génesis 28:15 (adaptado)

Dios, cuya gloria llena el mundo entero,
tú estás con nosotros dondequiera que vayamos:
protégenos cada día y cuando viajamos.
Cúbrenos con tu amor y tu cuidado.
Protégenos de todo peligro
y cuídanos hasta el final del día. Amen.

Ira

Por eso, amados hermanos y hermanas míos, todos ustedes deben estar dispuestos a oír, pero ser lentos para hablar y para enojarse. —Santiago 1:19

Todopoderoso y amoroso Dios,
tú nos hiciste a tu imagen,
incluso cuando nos molestamos a veces.
Ayúdanos cuando nos sintamos así
para no perder el control,
para no dejarnos arrastrar por la ira
y guíanos para que compartamos tu paz. Amen.

Desilusión

Yo puse mi esperanza en el Señor, y él inclinó su oído y escuchó mi clamor. —Salmo 40:1

Dios de amor,
tú estás con nosotros
    en los buenos y en los malos tiempos.
Escucha nuestra oración
cuando la vida no vaya como la planificamos,
cuando nos sintamos desilusionados por otros,
por el mundo o por nosotros mismos.
Envía tu Espíritu para consolarnos
y envuélvenos con tu abrazo. Amen.

Paciencia

El amor es paciente y bondadoso . . . —1 Corintios 13:4

Dios eterno, danos la paciencia de Jesús,
cuando sintamos que la vida va lenta
o que nosotros vamos muy rápido,
Ayúdanos a respirar profundo
    y a centrar nuestra atención
para que vivamos el momento
y estemos presentes para nosotros mismos,
    para el mundo y para ti. Amen.

Auto-dedicación

Dios esté en mi cabeza
y en mi entendimiento.
Dios esté en mis ojos
y en mi mirada.
Dios esté en mi boca
y en mi habla.
Dios esté en mi corazón
y en mi pensamiento.
Dios esté en mi final
y a mi camino.[10]

Perdón

. . . sean bondadosos y misericordiosos, y perdónense unos a otros, así como también Dios los perdonó a ustedes en Cristo.
—Efesios 4:32

Dios de compasión,
te pedimos perdón
por no hacer siempre lo que tú quieres que hagamos.
No te hemos amado con todo nuestro corazón
y no hemos cuidado lo suficiente
a otras personas ni a la creación.
Perdónanos en el nombre de Cristo. Amen.

Soledad

. . . estoy seguro de que nada nos podrá separar del amor de Dios en Cristo Jesús, nuestro Señor. —Romanos 8:38 (adaptado)

Jesús, nuestro hermano y amigo,
tú sabes lo que significa estar solo,
sin amigos y sin familia.
Cuando sintamos que estamos solos
o lejos de las personas que amamos,
ayúdanos a recordar tu promesa
de que estás siempre con nosotros
y de que nada puede separarnos
del amor de Dios. Amen.

Tristeza

Tal vez lloremos durante la noche, pero en la mañana saltaremos de alegría. —Salmo 30:5

Jesús, tú no tuviste miedo de mostrar tu tristeza:
tú estuviste triste y lloraste con la gente
cuando Lázaro murió.
Estuviste triste y lloraste con la gente
cuando viste a tu ciudad rechazar el amor de Dios.
Estuviste triste y lloraste por ti mismo
cuando estabas abrumado.
Tú tuviste fe en que la tristeza no duraría para siempre.
Danos tu espíritu de esperanza en el día
en que nuestra tristeza será derrotada con alegría. Amen.

Valentía

Yo soy el Señor, tu Dios, que te sostiene por la mano y te dice: "No tengas miedo, que yo te ayudo." —Isaías 41:13

Jesús, tú fuiste tentado como yo.
Guíame en tu sabiduría.
Enséñame lo que debo hacer
en cada situación y en cada momento.
Solo tú sabes lo que yo necesito.
Solo tú sabes el camino.
Muéstrame y enséñame cómo caminarlo.
Haz que me entregue a ti
en mente, cuerpo y espíritu. Amen.

Entrega

*Como sabes, nosotros lo hemos dejado todo,
y te hemos seguido. —Marcos 10:28*

Tú me lo has dado todo.
A ti, Señor, te lo entrego de vuelta.
Todo es tuyo.
Haz con ello según tu voluntad.
Dame solo tu amor y tu gracia.
Que estas me basten. Amen.[11]

Miedo a la oscuridad

La luz resplandece en las tinieblas, y las tinieblas no vencieron contra ella. —Juan 1:5 (adaptado)

Dios, tú nos diste la estrella de la mañana
para iluminar las tinieblas del mundo.
Tengo miedo de la oscuridad
y de las sombras de la noche.
Haz que mi oscuridad brille
hasta que la luz de la mañana
comience a iluminar el día una vez más. Amen.

La vida en el hogar

La familia

Dios, tesoro de bendiciones,
ven y vive con nosotros en nuestro hogar.
Bendícenos y guíanos por tus caminos.
Expande nuestros corazones para dar la bienvenida a otros.
Une nuestros corazones
para que la presencia de Cristo
sea revelada a través de nuestro amor. Amen.

Los amigos

Jesús, amigo de todos,
tú nos enseñaste que el Reino de Dios
es como una pequeña semilla de mostaza
que crece hasta convertirse en un gran árbol,
tan grande y fuerte que los pájaros
    pueden construir sus nidos en él.
Haz que nuestras amistades crezcan de tal forma
que incluyan a todo tipo de personas.
Haz que nuestras amistades crezcan de tal forma
que nos acerquen más a ti. Amen.

El cumpleaños

Oh Dios, nuestras vidas están en tus manos.
Mira con amor, te pedimos, a tu hijo/a (*Nombre*)
al comenzar otro año de vida.
Haz que (*Nombre*) crezca en sabiduría y gracia.
Fortalece a (*Nombre*) para que confíe en ti,
ahora y por siempre.
por Jesucristo, nuestro Señor. Amen.

La Quinceañera

Dios fiel, sostén de toda la creación,
te damos las gracias por (*Nombre*).
Ahora que cumple quince años,
te damos gracias por bendecirla con
  el don de la llegada a la adultez
y por los caminos de plenitud de vida
  en Ti que están frente a ella.
Ella es una criatura maravillosa creada por ti.
Protégela y guíala en su vida
para que comparta el amor, la vida y la libertad
  con todas las personas.
Todo esto lo pedimos en tu Santo Nombre. Amen.

Al quedarse en casa de un amigo

Dios, tú eres mi pastor.
Tú me llevas a lugares de descanso.
Me guías por aguas tranquilas
y me haces descansar tranquilo.
Aunque esté lejos de casa,
no tengo miedo porque tú estás conmigo. Amen.

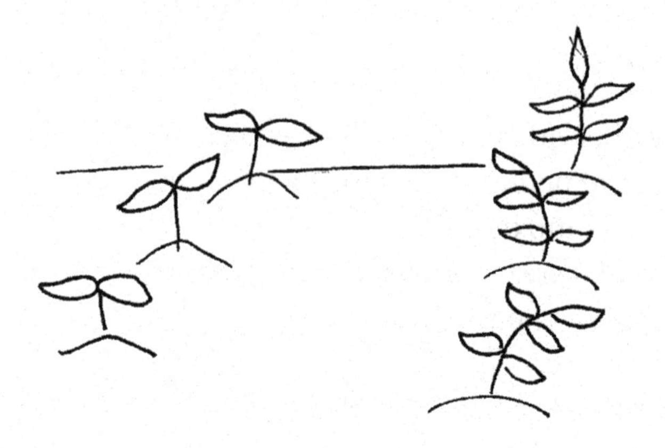

Al trabajar en el jardín

Dios de gracia, fuente de la tierra y de las semillas,
del sol y de la lluvia,
bendice y protege este jardín
y a todos los que lo cuidan.
Fortalécelos y sostenlos en su labor
para que estas plantas den buen fruto
y nuestro cuidado por la tierra pueda dar testimonio
de tu amor y tu justicia.
En el nombre de la Santa y Una Trinidad. Amen.[12]

Al salir a caminar con mi mascota

Que el camino sea seguro, recto y claro
mientras caminamos juntos.
Que nos encontremos amigos en el camino.
Que la vista, los olores y los sonidos que encontremos nos
hablen de tu amor.
Haz que regresemos a casa llenos de aventuras. Amen.

Al cepillarme los dientes

Mi Dios y Rey, enséñame a verte siempre,
incluso en las más pequeñas cosas que haga hoy.
Haz que pueda hacer hoy esas pequeñas cosas
como si fueran para ti. Amen.

Al ir a la cama

Santo Dios, fuente de todas las cosas buenas,
dame la paz que solo tú puedes dar.
Calma mi inquietud al entregarte este día, oh Dios,
para que pueda descansar durante la noche
y estar listo cuando llegue la mañana,
y así compartir tu amor con todos. Amen.

Soñando

El sol saldrá. El sol se pondrá.
Y mis sueños nunca acabarán.
Imagino lo que será mi vida.
La veo pronto muy florecida.
A jugar ahora, muy pronto voy
y a descubrir pues ya sé quién soy.[13]

Al viajar

Que la tierra se vaya haciendo camino ante tus pasos.
Que el viento sople siempre a tus espaldas.
Que el sol brille cálido sobre tu rostro
y que la lluvia caiga suave sobre tus campos.
Y hasta que nos volvamos a encontrar
que Dios te lleve en la palma de su mano.

(Oración tradicional de Irlanda)

A salir de casa

Los padres, madres o persona responsable del cuidado, puede decir esta oración al niño/a antes de ir a la escuela por la mañana.

Que el Señor te bendiga y te cuide.
Que el Señor haga resplandecer tu rostro sobre ti y tenga de ti misericordia.
Que el Señor alce su rostro sobre ti y ponga en ti paz.
—Números 6:24–26

Al aflojarse un diente

Querido Dios, tú sabes cuando me acuesto
y cuando me levanto.
Tú sabes incluso cuántos cabellos hay en mi cabeza.
Tengo un diente flojo,
así que tú también sabes sobre mi diente.
Estoy creciendo y eso me da miedo.
Dame valentía.
Haz que mi diente se afloje más, más y más
hasta que *puf*, se caiga solo. Amen.

Mientras aprendes a montar bicicleta

Espíritu de Dios, tú siempre estás en movimiento.
Te damos gracias por las ruedas y los pedales
que nos llevan a nuevos lugares.
Te damos gracias por el equilibro, los caminos
y aventuras que llegaremos a conocer.
Protégenos de las caídas y de los choques
y mantennos cerca de ti. Amen.

A la muerte de una mascota

Querido Dios, *(nombre de la mascota)* murió hoy.
Necesito orar a ti.
Querido Dios, recibe a *(nombre de la mascota)*
en tus manos.
Necesito orar a ti.
Querido Dios, extraño a *(nombre de la mascota).*
Necesito orar a ti. Amen.

A la muerte de un amigo

Dios de misericordia y amor que vive por siempre,
recibe a nuestro amigo/a *(nombre del amigo/a)*
en tus brazos eternos.
Dale la bienvenida junto a los ángeles, los santos y santas
que viven en tu glorioso reino de los cielos.
Dale el descanso eterno
y que tu luz brille en ellos por siempre.
Que su alma y las almas de todos los que han muerto
descansen en paz. Amen.

A la muerte de mi padre o mi madre

Dios, te doy a mi *mamá/papá* así como tú nos lo/la diste
a nosotros.
Así como tú no lo/la perdiste cuando nos lo/la diste,
nosotros tampoco lo/la perdemos cuando te lo/la damos
a ti.
Lo que es tuyo es nuestro,
así como también nosotros somos tuyos.
La vida es eterna y el amor dura para siempre.
La muerte es solo lo que está más allá
de lo que podemos ver. Amen.[14]

A la muerte de uno de mis abuelos

Dios fiel, cuyo amor es más grande que el universo,
mi *abuela/abuelo* ha muerto y yo lo/la extraño.
Abre tus brazos y dale un abrazo.
Dile que *lo/la* extraño.
Dios fiel, cuyo amor es más fuerte que la muerte,
mi *abuela/abuelo* ha muerto y yo lo/la extraño. Amen.

La vida en la escuela

Primer día de escuela

He decidido seguir a Cristo.
He decidido seguir a Cristo.
He decidido seguir a Cristo.
No vuelvo atrás.
No vuelvo atrás.[15]

Las escuelas

Dios de sabiduría y verdad,
elevamos a ti nuestros corazones
dándote gracias por todo lo que hacemos en la escuela.
Te agradecemos por lo que aprendemos y descubrimos,
por las artes y los juegos;
y sobre todo, por los amorosos maestros
y los queridos compañeros de clase.
Enséñanos a comprendernos unos a otros
y a crecer juntos en bondad y paz.
Por tus muchos nombres oramos. Amen.

Los estudiantes

Dios de infinito crecimiento,
oramos por nosotros y por los estudiantes en todo lugar.
Acércanos a tu amor y a tu verdad
a través de nuestros estudios, de las artes, de la música
y de los deportes.
Úsanos para hacer del mundo un mejor lugar
y guíanos para profundizar nuestro amor por ti
y por nuestro prójimo.
Por tus muchos nombres oramos. Amen.

Los maestros

Dios de la enseñanza,
te agradecemos por los maestros de esta escuela
y del mundo.
Derrama tu Espíritu sobre ellos
para que sean buenos ejemplos de tu amor,
bondad y sabiduría.
Dales el gozo de ver a sus estudiantes
reír, aprender y crecer juntos.
Por tus muchos nombres oramos. Amen.

Los padres y las madres

Dios de toda la familia humana,
te presentamos a nuestros padres y madres.
Derrama tu Espíritu sobre ellos
dondequiera que estén.
Sé con ellos
y dales sabiduría y paciencia para ser como tú,
nuestro Padre Celestial.
Por tus muchos nombres oramos. Amen.

Todos los que trabajan en mi escuela

Dios de gratitud,
te agradecemos por nuestros amigos
que mantiene la escuela funcionando:
por los que preparan y sirven la comida,
por los que trabajan en las oficinas y en la biblioteca,
por los guardias que nos mantienen seguros.
Ayúdanos a decir "gracias" con nuestras palabras,
a ser respetuosos con nuestras acciones y actitudes
y a hacer de esta escuela un buen lugar
donde trabajar y aprender.
Por tus muchos nombres oramos. Amen.

Un nuevo estudiante

Que Dios bendiga y proteja a nuestro nuevo amigo ________.
Que Dios le muestre su misericordia y bondad.
Que Dios sea bueno con *él/ella/ellos/ellas* y *le/les* dé su paz.
Que siempre celebremos juntos, amemos y respetemos
a nuestro compañero de clase y querido *hijo/hija* de Dios. Amen.

El amigo que se va

Dios de los viajes y los nuevos comienzos,
tú has preparado un nuevo lugar
para que nuestro amigo continúe creciendo,
haciendo nuevos amigos
y explorando nuevos lugares.
Envía tu Espíritu para darle valentía y tranquilidad
en este tiempo de cambios.
Que nuestra amistad y amor
esté con él/ella ahora y siempre. Amen.

Los estudiantes que se gradúan

Dios de los viajes y de los nuevos comienzos,
te alabamos por todo lo que nos has dado
y por todo lo que tienes preparado para nosotros.
Te agradecemos por acompañar a esta clase de graduación
hacia un nuevo tiempo de crecimiento y posibilidades.
Protégelos siempre en su peregrinar por la vida,
y que sean siempre ejemplos de tu amor y bondad. Amen.

El fin del año escolar

Dios de los finales y los nuevos comienzos,
estamos terminando un año escolar
y te damos gracias por eso.
Durante este tiempo hemos estudiado y jugado,
hemos amado y crecido
y estamos listos por un descanso largo y lleno de alegría.
Bendice este año escolar que está terminando.
Bendice a nuestros maestros, compañeros de clase
y a todos en nuestra comunidad.
Que nuestros cuerpos estén saludables,
nuestros corazones y mentes abiertos
y que nuestra educación nos ayude a servir al mundo
que tú tanto amas. Amen.[16]

Antes de un examen

Ven, Santo Espíritu,
sé una luz para mi mente
y paz para mi alma.
Que pueda trabajar con confianza
y hacer lo mejor en este examen.
Tú me amas sin importar la nota que obtenga,
por eso te doy gracias y te alabo
ahora y por siempre. Amen.

Antes de una competencia

Dios de las ocupaciones y de los ejercicios,
haz que compitamos con valentía, gozo,
y respeto por nuestros contrincantes
    y demás competidores.
Haz que cumplamos con las reglas,
de tal forma que, aunque perdamos o ganemos,
traigamos honor a tu Santo Nombre,
ahora y por siempre. Amen.

Antes de una presentación

Dios de las artes y de la imaginación,
haz que actuemos con valentía y gozo.
Que nuestro duro trabajo y nuestros ensayos
den como resultado un arte que inspire al público
y te glorifique a ti,
el Artista de toda la creación. Amen.

Antes de un viaje escolar

Dios de todos los tiempos y lugares,
acompáñanos en nuestro viaje.
Ayúdanos a respetar a quienes conozcamos,
a agradecer a quienes nos reciban,
a ser pacientes y bondadosos unos con otros,
a estar atentos a las maravillas del mundo
y a confiar en ti ante lo nuevo que se nos presenta.
Haznos recordar tu amorosa presencia
y haz que regresemos bien a casa. Amen.

Un día con nieve

Dios de la lluvia y de la nieve, del rocío y de la escarcha,
tú creaste esta estación con sus regalos diversos.
Envía suficiente nieve hoy
para que recibamos la bendición de un día en casa,
con la oportunidad de hacer ángeles y castillos de nieve,
y tiempo para jugar con los amigos y con la familia.
Cuida a quienes remueven la nieve en las calles y en las aceras
y a todos aquellos que tiene que ir a trabajar hoy.
Ablanda los corazones de aquellos que deciden
que este será un día de nieve y de descanso. Amen.[17]

La vida en el campamento

En camino al campamento

Bendícenos, oh Dios, ahora que salimos para el campamento.
Dirige nuestros pasos hacia la aventura.
Prepara nuestros corazones para conocer nuevas amistades.
Muéstranos la forma de glorificarte
para que nuestra fe aumente y sea más profunda
durante nuestros días de campamento. Amen.

Bendición de una cabaña

Jesús, tú prometiste estar siempre con nosotros.
Te damos la bienvenida a nuestra cabaña,
nuestra casa por este tiempo.
Bendice este espacio abierto a la amistad, la diversión
 y el descanso.
Bendícenos para que siempre recordemos
que dondequiera que estemos,
 tenemos nuestra casa en ti. Amen.

Al reunirnos alrededor de la hoguera

Dios de la vida y de la luz, nos reunimos ante ti
alrededor de este gran fuego,
como miembros de tu gran familia,
parte de la comunión de los santos y santas.
Enciende nuestros corazones y voces con tu amor
para que reflejemos tu fiel presencia.
Hazte presente en nuestras historias y canciones esta noche.
Hazte presente en nuestra risa y en nuestra alegría.
Y cuando la noche llegue a su fin
y nuestros ojos comiencen a cerrarse,
hazte presente en nuestro descanso y en nuestra renovación.
Amen.

Los consejeros

Al comenzar nuestro tiempo en el campamento,
acompaña a nuestros valientes consejeros.
Que el poder de Dios el Creador los guie.
Que la sabiduría del Hijo los instruya.
Y que la obra del Espíritu Santo los anime.
Que todos reconozcamos el amor de Dios en los otros.
En el nombre del Padre, del Hijo y del Espíritu Santo. Amen.

Los campistas

Bendice a los campistas hoy.
Que este día traiga amistad y gozo.
Aviva nuestros sentidos para que descubramos
las maravillas de tu creación.
Haz que comprendamos más profundamente
tu verdad y tu amor
mientras jugamos, trabajamos y aprendemos juntos. Amen.

La familia que se quedó en casa

Dios que hace todas las cosas por nuestro bien,
te agradecemos por nuestras familias
que están en casa mientras nosotros estamos en el campamento.
Guíalas y protégelas.
Que te conozcan y te amen en su caminar y en su descanso.
Envía tu Espíritu sobre ellos.
Llena sus días de gozo,
y cuando nuestro tiempo en el campamento llegue a su fin,
reúnenos otra vez,
renovados y con nuevos ánimos por nuestro tiempo lejos. Amen.

5ª PARTE

Oración con los Santos

Desde los primeros días de su fe cristiana, Timothy sintió una profunda conexión con los santos. Las vidas de los santos nos enseñan cómo personas ordinarias como tú y como yo somos capaces de mostrar el amor extraordinario de Dios. En la iglesia, Timothy miraba los vitrales y veía las imágenes de San Francisco, Santa Teresa, San Patricio y otros que miraban hacia él desde arriba. Ellos parecían una familia extendida—ancestros que son ejemplos y santa compañía en nuestro peregrinar de la vida. En su corazón, Timothy sabía que, aunque los santos habían vivido hacía mucho tiempo, ellos estaban presentes en la iglesia, de alguna manera, a través del Espíritu Santo. Pero no solo eso, los santos estaban presentes cada vez que Timothy los llamaba, ya fuera en la casa, en la escuela, en el campamento, en el parque de diversión, en el hospital o mientras estaba viajando . . . en todo lugar.

Cuando había un conflicto y Timothy sentía que Dios lo estaba llamando a traer paz, él decía la oración de San Francisco. Cuando quería sentir la presencia de Jesús más profundamente, Timothy decía la oración de Santa Teresa o de San Patricio. Y después de recibir la comunión, cada domingo, Timothy se arrodillaba ante la estatua de la Virgen María, encendía una vela y le pedía que intercediera por él.

Timothy eventualmente sintió que la santidad de los santos comenzó a influir en sus acciones y pensamiento mientras usaba las palabras de los santos para orar, cuando convertía sus preocupaciones en las suyas propias y cuando seguía su ejemplo. Mientras más hacía de los santos parte de su vida, más cerca se sentía de Jesús. Ahora, como padre, cuando Timothy ora con su hija, él le recuerda que ella nunca está sola. Aunque no podemos verlos, los santos están a nuestro alrededor siempre, orando con nosotros y por nosotros.

ESCUELA
AVE GRACIA
AVE FE
JARDÍN CUATRO ESQUINAS

La bendita virgen María

Derrama tu gracia en nuestros corazones, oh Dios,
para que acompañemos a María, la madre de Jesús,
llevando tu amor en nosotros,
permitiendo que ese amor crezca,
siguiéndote, sin miedo,
a dondequiera que tú nos envíes. Amen.

El canto de María

Mi alma canta de tu grandeza, Señor,
y mi espíritu danza en ti, mi Salvador.
Grandes cosas has hecho en mí;
¡Santo es tu nombre!
Con tu brazo has hecho grandes cosas,
y has deshecho los planes de los malvados.
Derrocaste del trono a los poderosos
y pusiste en alto a los humildes.
A los hambrientos les llenaste de buenas cosas
y a los ricos los dejaste con las manos vacías.
Has venido a ayudar a tu pueblo
y te has acordado de tus promesas,
las cuales hiciste a nuestros padres,
a Abraham, a Sara y a sus descendientes para siempre.[18]

Los Ángeles Guardianes

Ángel de la Guarda, dulce compañía,
no me desampares ni de noche ni de día.
No de dejes solo que me perdería.
Con Jesús me acuesto.
Con Jesús me levanto,
con la Virgen María y el Espíritu Santo.
En el nombre del Padre, del Hijo y del Espíritu Santo. Amen.[19]

Los Ángeles Inesperados

Dios de bondad y muchos rostros,
tú nos visitas frecuentemente a través
de otras personas,
especialmente cuando no lo esperamos.
Ayúdanos a tratar a nuestro prójimo,
al que está cerca o al que está lejos,
como si fueran ángeles y regalos de Dios;
dándoles la bienvenida,
haciendo amistad con ellos
y compartiendo la paz y el amor. Amen.

San Francisco de Asís

1181–1226

Señor, haznos instrumentos de tu paz.
Donde hay odio, sembremos amor;
donde haya ofensa, perdón;
donde haya discordia, unión;
donde haya duda, fe;
donde haya desesperación, esperanza;
donde haya tinieblas, luz;
donde haya tristeza, gozo.[20]

Madre Teresa de Calcuta

1910–1997

Oh Dios, tú nos llamas a ser amigos de los más desfavorecidos.
Habita en nuestros corazones,
así como habitaste en el corazón de Madre Teresa.
Abre nuestros ojos para ver la belleza de cada persona.
Abre nuestras mentes para descubrir cómo podemos ayudarlas.
Abre nuestros corazones para compartir tu amor.

San Patricio de Irlanda

387–461

Cristo conmigo, Cristo delante mí,
Cristo detrás de mí, Cristo dentro de mí,
Cristo debajo mí, Cristo sobre mí,
Cristo a mi derecha, Cristo a mi izquierda,
Cristo cuando me acuesto, Cristo cuando me levanto,
Cristo en la altura, Cristo en el corazón de los que me aman,
Cristo en el rostro de amigos y desconocidos.[21]

Evelyn Underhill de Londres

1875–1941

Dios, tú estás en el principio, el medio y el fin
  de toda la creación.
Abre nuestros corazones al testimonio de Evelyn Undershill,
quien cuando niña conoció la intimidad de tu presencia.
Haz que entremos más profundamente
  en el mundo de la oración
y que veamos las maravillas de tu amor en todas las cosas.
En el nombre de Jesucristo,
quien vive en nosotros contigo y el Espíritu Santo. Amen.

Teresa de Ávila

1515–1582

Cristo no tiene cuerpo en la tierra sino el tuyo.
No tiene manos ni pies sino los tuyos.
Tuyos son los ojos con los que Jesús
mira al mundo con compasión.
Tuyos son los pies con los que Él camina haciendo el bien.
Tuyas son las manos con las que Él nos bendice.
Tuyos son los ojos. Tú eres su cuerpo.
Dios no tiene cuerpo en la tierra sino el tuyo.[22]

Monseñor Romero de El Salvador

1917–1980

Dios de justicia,
tú escuchas el clamor de los pobres
y conoces el dolor de quienes sufren.
Danos la valentía y la compasión de Monseñor Romero.
Que podamos ver el rostro de Jesús en el rostro de los pobres.
Que podamos acompañar a nuestros vecinos
cuando son amenazados.
Que podamos denunciar
cuando una persona maltrata a otra. Amen.

Juliana de Norwich

1342–1416

Oh Dios, tú eres tanto nuestra Madre
como nuestro Padre.
Te agradecemos, Dios nuestro Padre,
por tu misericordia y tu gracia.
Te agradecemos, Dios nuestra Madre,
por tu sabiduría y fuerza.
Tú, oh Dios, eres lo bueno en todas las cosas.
Enséñanos a amar y a tener fe
para que todo esté bien,
para que todas las cosas estén bien. Amen.[23]

Pauli Murray de Durham

1910–1985

Oh Dios de justicia y libertad,
tú le diste a Pauli Murray una canción de esperanza
cuando su voz estaba más débil.
Ayúdanos a seguir su ejemplo
cuando enfrentemos tiempos difíciles
o cuando sintamos miedo de hacer escuchar nuestra voz.
Que podamos vivir con esperanza, hablar con la verdad
y amar con valentía,
confiados de que tú estás siempre con nosotros. Amen.

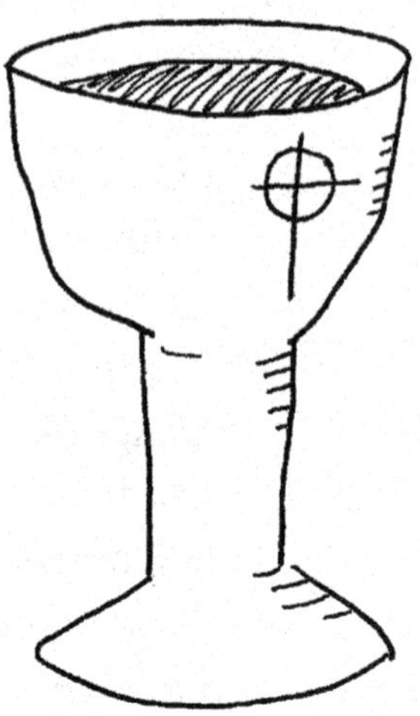

Juana, Salomé y María

Dios de sabiduría y gracia,
tú creaste a todas las personas a tu imagen.
Te damos gracias por las mujeres valientes como Juana,
quien acompañó a los que sufrían.
Te damos gracias por las mujeres generosas como Salomé,
quien compartió su abundancia con los demás.
Te damos tracias por las mujeres fieles como María,
quien compartió la noticia del Jesús resucitado.
Danos los regalos de la valentía, la fe y la generosidad
para que también nosotros podamos practicar tu amor en
el mundo. Amen.

Martin Luther King Jr., de Atlanta

1929–1968

Libertad, sí, libertad. Haz que resuene
así como resonó la voz de Martin Luther King.
Libertad para ti, libertad para mí
y para todos los hijos e hijas de Dios. Libertad.
Danos la valentía de levantar nuestra voz bien alto,
de clamar por libertad, libertad para todos.
Libertad, sí, libertad. Haz que resuene
así como resonó la voz de Martin Luther King.

6ª PARTE

Oraciones con el mundo

"¿Dónde está Jesús en el mundo hoy?" le preguntan los estudiantes frecuentemente a Timothy. Él les cuenta cómo Jesús anticipaba esta pregunta. Jesús contó una historia conocida como la parábola de las ovejas y los cabritos en el Evangelio de Mateo (25:31–46), en la que Jesús se relaciona con las personas en el mundo que tienen hambre y sed, que son extranjeros y pobres, que están enfermos o en prisión. Al relacionarse con ellas, Jesús llama nuestra atención sobre las personas en el mundo que necesitan nuestra ayuda, amor y justicia. Jesús siempre acompaña a las personas que están en necesidad. Al cuidarlas, nosotros también estamos cuidando a Jesús.

El bautismo también nos lleva a encontrar a Jesús en el mundo de hoy. Antes de que una persona es bautizada, prometemos "buscar y servir a Cristo en todas las personas y a amar a nuestro prójimo como a nosotros mismos". Esto significa que Jesucristo se ha relacionado con cada ser humano en el mundo a través del amor. Y debido a esa relación, los cristianos deben luchar por la justicia y la paz entre todos los pueblos y respectar la dignidad de cada ser humano.

La importancia de todas esas relaciones es que Jesús está presente con nosotros en todas nuestras relaciones. Es una tarea de los cristianos orar por y con nuestro prójimo, tanto con los que están cerca, como con aquellos que están en otra parte del mundo.

Las oraciones en esta sección están dirigidas a las necesidades y a la diversidad del mundo. Casi cada oración está acompañada por un versículo bíblico relacionado con ellas.

Mientras oras, intenta sentir la presencia de Jesús y el amor de Dios en tu relación con las personas por las que estás orando.

Los inmigrantes

Delante de mí, ustedes y los extranjeros son iguales.
—Números 15:15

Dios de todos los pueblos y naciones,
una y otra vez tú nos llamas como tus servidores
reconociendo nuestro origen y nuestra cultura.
Tú nos guías a nuevas tierras y a nuevas bendiciones.
Ayúdanos a ser como Jesús
y a amar y celebrar nuestra presencia como
inmigrantes en este lugar.
Únenos en nuestras diferencias por tu amor inagotable,
para que juntos podamos reír, aprender, jugar y orar
como vecinos, amigos, como parte de la familia
de Dios. Amen.

Los refugiados

Un ángel del Señor se apareció en sueños a José y le dijo:
"Levántate, toma al niño Jesús y a su madre, y huye a Egipto."
—Mateo 2:13 (adaptado)

Oh, Dios de compasión,
tú recibes a todos en tu reino
y tu amor no tiene fronteras.
Ayúdanos a recibir y a mostrar amor
a las personas de todas las naciones,
especialmente a aquellas que huyen de peligros.
Abre nuestros corazones
para que podamos abrir nuestros brazos
y cuidar a nuestro prójimo de otros países,
así como los extranjeros cuidaron a Jesús y a su familia.
Por tus muchos nombres oramos. Amen.

Las personas encarceladas

Estuve en la cárcel y vinieron a visitarme. —Mateo 25:36

Dios de compasión,
tú deseas que todas las personas
sean tratadas con respeto y dignidad.
Acompaña a todos los que están en prisión,
los inocentes y los culpables.
Ayúdanos a hacer tiempo para visitarlos,
danos la visión de ver a Jesús en ellos
y danos la fuerza para mostrar misericordia y amor
a todos los prisioneros y sus familias. Amen.

Las personas sin hogar

Fui un desconocido y me recibieron. —Mateo 25:35 (adaptado)

Dios de compasión,
abrimos nuestros corazones y brazos
a todos los que no tienen hogar;
a todos los que no tienen un lugar donde dormir;
a todos los que sufren de frío;
a todos los que huyen de hogares que no son seguros.
Todos necesitamos un hogar y una familia que nos ame.
Ayúdanos a recordar que
Jesús estuvo presente en las vidas de las personas sin hogar.
Guíanos a trabajar por tu reino
en el que todos tienen comida y techo. Amen.

Las personas con hambre

Tuve hambre, y ustedes me dieron de comer; tuve sed, y me dieron de beber. —Mateo 25:35

Dios, tú eres la fuente
de todas las cosas.
Tú hiciste el pasto para el ganado
y las plantas para que las cosechemos.
Los cachorros de león
rugen por su presa;
ellos piden a ti por su comida.
Bendigamos a Dios
mientras preparamos comida,
para aquellos que tienen hambre.[24]

Las personas que viven en pobreza

Tener misericordia del pobre es honrar a Dios. —Proverbios 14:31

Dios de toda la familia humana,
de los pobres y de los privilegiados,
abrimos nuestros corazones y brazos
a todos los que viven en pobreza,
a los desempleados y desafortunados,
a los solitarios y los olvidados,
a los enfermos, los hambrientos y los que no tienen hogar.
Llénanos con tu compasión
para que podamos ver tu rostro en los pobres
y en los que no tiene poder.
Guíanos para trabajar por tu reino,
en el que cada persona tiene lo suficiente
y donde nadie vive en pobreza. Amen.

Las personas enfermas

Estuve enfermo, y me visitaron. —Mateo 25:36

Dios de misericordia y alivio,
tú nos amas y nos cuidas,
especialmente cuando estamos enfermos.
Tú nos llamas a cuidar y a consolar a los que están enfermos,
así como Jesús cuidó a quienes sufrían de enfermedad.
Ayúdanos a seguir tu camino de amor
y a cuidar a los que están enfermos.
Guíanos para prevenir que las
enfermedades se expandan
e inspíranos a aprender nuevas
formas de sanación y
nuevos medicamentos.
Haz que recordemos
que cuando cuidamos a los
enfermos, te estamos
cuidando a ti. Amen.

Las personas que sufren de adicción

Por tanto, acerquémonos confiadamente al trono de Dios, para alcanzar misericordia y encontrar gracia para cuando necesitemos ayuda. —Hebreos 4:16 (adaptado)

Dios de compasión,
abrimos nuestros corazones y brazos
a todos aquellos que sufren de adicción.
Ayúdanos a ser honestos con ellos,
y a ellos a ser honestos con nosotros.
Danos la valentía para hablar, actuar en amor,
y para ayudar a superar las fuentes
y las fuerzas de la adicción. Amen.

Las personas que sufren de abuso

El Señor dijo: "He visto muy bien la aflicción de mi pueblo oprimido . . . He oído su clamor por causa de la injusticia . . . Yo sé de su dolor. —Éxodo 3:7 (adaptado)

Dios de vida,
tú consideras a todas las personas del mundo
como tus hijos e hijas queridos.
Vela especialmente por aquellos
que sufren de burla, exclusión o maltrato.
Protégelos de todo peligro
y vela por ellos en tu amor.
Ayuda a que los abusadores recuerden
que nunca es tarde para cambiar
y dejar de ser un abusador y convertirse en un amigo.

Las personas lastimadas y abusadas

Sobrelleven los unos las cargas de los otros, y cumplan así la ley de Cristo. —Gálatas 6:2

Dios de amor,
tú fuiste abusado, golpeado y matado en Jesús.
Tú siempre estás junto a aquellos
cuyas almas y cuerpos son maltratados.
Ayúdanos a cuidar en amor a aquellos que sufren.
Llénanos con tu Espíritu de sanación.
Danos la valentía de ponernos en su lugar
y la sabiduría para prevenir la violencia y el abuso. Amen.

Las personas lastimadas por la violencia con armas

La sabiduría es mejor que las armas de guerra . . .
—Eclesiastés 9:18

Dios de amor, fuente de sanación,
tú lloras cuando el amor es vencido por el odio,
y nuestras almas lloran una vez más
por aquellos que son lastimados por la violencia con armas.
Cuando las armas se cambian por las oraciones,
cuando la paz sea vencida por el odio;
haz que nuestros corazones crezcan en valentía
y que nuestras comunidades sean transformadas
por nuestras acciones y por nuestras voces,
actuando a través del poder de tu Espíritu Santo. Amen.

El cuidado de la creación

¡Tus obras, Señor, son tantas! ¡Todas las hiciste con gran sabiduría! ¡La tierra está llena de tu creación!
—Salmo 104:24 (adaptado)

Oh Dios, creador de los cielos y de la tierra,
tú hiciste que la vida evolucionara. Tú amas la naturaleza:
cada planta y animal, cada montaña y río,
cada rayo de sol, fuente de agua, cada brisa de aire fresco.
En los inicios, tú nos pediste que cuidáramos de tu creación.
Abre nuestros ojos para ver lo bueno en el mundo.
Prepara nuestros corazones para respetar toda la creación
como tu regalo
y forma nuestras vidas para comportarnos en forma amorosa
con todas las criaturas, las grandes y las pequeñas,
porque tú, Dios, las hiciste todas. Amen.

Las personas que sirven en las Fuerzas Armadas

¡Dios ha puesto fin a las guerras en el mundo!
—Salmo 46:9 (adaptado)

Dios de todos los pueblos y naciones,
te damos gracias por todos los hombres y mujeres
que sirven con honor en las Fuerzas Armadas
y dedican sus vidas a hacer del mundo un lugar más seguro.
Te agradecemos por su voluntad de sacrificarse por otros.
Muéstrales tu amor y compasión
por aquellos a quienes ellos protegen y por sus enemigos.
Guíalos para que sigan su conciencia
cuando deban tomar decisiones difíciles,
y haz que honremos a aquellos que sirven
previniendo que otras guerras sucedan en el futuro. Amen.

Nuestros amigos judíos

Dios Uno,
tú creaste el mundo y todas las personas
y dijiste que todo estaba bien, muy bien.
Te damos gracias por nuestros amigos judíos,
por las formas en que ellos muestran su amor a ti,
por su cuidado de las personas y de la creación,
por sus historias, oraciones, comida y celebraciones.
Pero sobre todo, te damos gracias porque son nuestra amigos
y porque nos acompañan en la adoración a ti. Amen.

Nuestros amigos musulmanes

En el nombre del Dios de la gracia,
tú nos creaste hombre y mujer
y nos conformaste en varios pueblos
para que nos lleguemos a conocer.
Te damos gracias por Abraham, nuestro antepasado,
el padre de nuestros hermanos y hermanas musulmanes.
Acércanos como a una sola familia en tu amor
para que adoremos tus muchos nombres. Amen.

Nuestros amigos hindúes

Dios de la eternidad y la verdad,
te damos gracias por las vidas
de nuestros hermanos y hermanas hindúes.
Abre nuestros ojos a la belleza de sus rituales y sus enseñanzas.
Abre nuestras mentes a las muchas formas de la Verdad
y abre nuestras almas a lo que es inmortal.
Que el camino hindú del deber, el conocimiento y la devoción
inspire la santidad en nosotros y en todo el mundo. Amen.

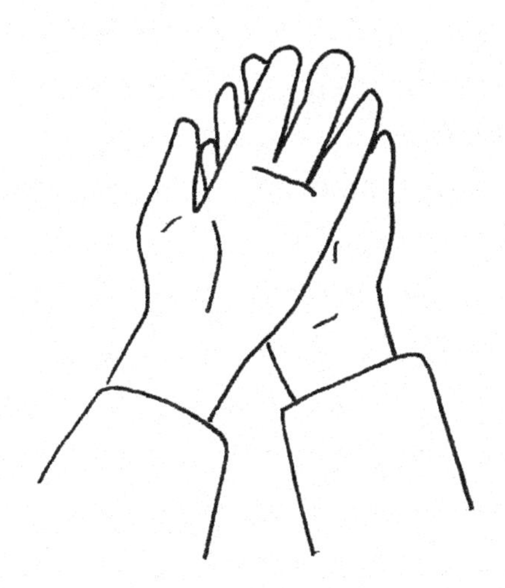

Nuestros amigos budistas

Dios de luz y compasión,
te damos gracias por las vidas
de nuestros hermanos y hermanas budistas
y por el camino revelado en el amor y la bondad de Buda.
Guíanos a vivir en la paz de cada momento
y haznos ir más allá de las ataduras de las cosas pasajeras.
Que las nobles verdades inspiren la compasión
  y la vida en santidad
en nosotros y en todo el mundo. Amen.

Nuestros amigos indígenas

Muchas y grandes son tus obras, oh Dios,
Creador de los cielos y de la tierra.
Tus manos han puesto las estrellas del cielo.
Tus dedos esparcieron las montañas y las llanuras.
Por tu palabra se crearon las aguas,
los profundos mares obedecen tu voz.

Wakantanka taku nitawa
tankaya qaota;
mahpiya kin eyehnake ca,
makakin he duowanca.
Mniowanca sbeya wanke cin,
hena ovakihi.[25]

Nuestros país de origen

Dios, tú eres nuestra verdadera compañía,
tú has cruzado fronteras para venir a vivir con nosotros.
Te damos gracias por [*nombre del país de origen*]
que nos ha bendecido con un idioma, una cultura,
una historia y un pueblo.
Te pedimos que estés con nuestras familias, amigos y vecinos
en nuestro país de origen, ahora que no podemos estar con ellos.
Que tu fiel presencia entre ellos les haga confiar en nuestro amor.
Todo esto lo pedimos en tu Santo Nombre. Amen.

Somos una familia

Dios, tú creaste todos los pueblos
y quieres compartir tu vida con todos.
Te decimos "sí" de muchas formas:
Alá, Padre, Brahmá, Elohim, Jehová.
Abre nuestros ojos y oídos cuando
conozcamos a personas de otras fes
para que nos acerquemos a ti y unos a otros
como una familia. Amen.

ÍNDICE DE TEMAS

ÍNDICE DE LAS ESCRITURAS

NOTAS

1. Traducción basada en "Lord's Prayer", por Iona Community: © King. C, "Pathways for Pilgrims" (*Discovering the spirituality of the Iona Community in 28 days*), Prayer, (2012), 2nd ed, Glasgow: Wild Goose Publications, 23.

2. Himnario Flor y Canto, No. 644 (2da. Edición, 2001).

3. Himnario Oramos Cantanto, No. 493.

4. Himnario Flor y Canto, No. 623 (2da. Edición, 2001).

5. Himnario Flor y Canto, No. 569 (2da. Edición, 2001).

6. Himnario Flor y Canto, No. 677 (2da. Edición, 2001).

7. Himnario Flor y Canto, No. 647 (2da. Edición, 2001).

8. Himnario Flor y Canto, No. 667 (2da. Edición, 2001).

9. Himnario Flor y Canto, No. 630 (2da. Edición, 2001).

10. Sarum Primer, siglo XVI.

11. Oración del Suscipe de Ignacio de Loyola.

12. "Rito para la bendición de un huerto", del *Libro de Ritos Ocasionales 2018* (New York, Oficina de la Convención General, 2019) 95.

13. Traducción basada en "Dreaming", por Marna Franson.

14. Traducción basada en la oración cuáquera atribuida a William Penn.

15. Himnario El Himnario, No. 303.

16. Traducción basada en "Ending the School Year", en *Changes: Prayers and Services Honoring Rites of Passage* (New York, Church Publishing, 2007), 16.

17. Traducción basada en "A Snow Day Prayer", por Connor Gwin.

18. Basado en Lucas 1:46–55.

19. Oración tradicional latinoamericana al Ángel de la Guarda.

20. Oración atribuida a San Francisco, fragmento, Libro de Oración Común, 724.

21. Oración atribuida a San Patricio, adaptación.

22. Oración atribuida a Santa Teresa, adaptación.

23. Oración atribuida a Juliana de Norwich, adaptación.

24. Oración basada en Salmo 104.

25. Traducción basada en "Many and Great", un himno Dakota, The Hymnal 1982, No. 385.

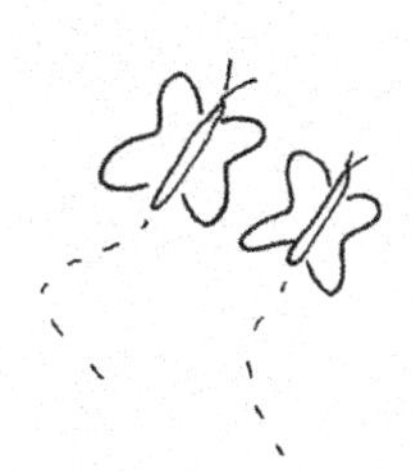

SOBRE LAS ILUSTRACIONES

Las ilustraciones a plumilla en este libro de oraciones tienen el objetivo de invitar a los niños y a sus familias a ver las escenas en detalles. Las imágenes muestran una comunidad de animales que viven y adoran juntos a través del año, durante un día regular. Estas ilustraciones representan las muchas formas y razones por las que oramos y el potencial de encontrar santos y santidad en cada momento, incluso en las cosas ordinarias que hacemos. Las oraciones pueden suceder en cualquier lugar y puede ser de varios tipos. Puedes orar solo, con amigos o con tu familia. Noten algunos pequeños detalles en las ilustraciones: los paneles solares en la iglesia, el jardín en el techo y la colmena de abejas en la escuela, girasoles que despiertan al amanecer, el pequeño ratón que juega y ora en las esquinas, y el nombre del jardín de la iglesia (una referencia a Levítico). Además de las oraciones, disfruta conociendo a estos personajes y la función que estos realizan en esta comunidad vibrante y amorosa.

Perry Hodgkins Jones es una ilustradora durante la noche y una especialista en recaudación de fondos para una organización sin fines de lucro por el día. Ella creció en New Jersey y vive actualmente en las montañas de Carolina del Norte con su cónyuge, su hijo y dos gatos bulliciosos. Perry es graduada del Wellesley College y de la Escuela de Teología en la Universidad del Sur, en Sewanee, donde recibió una Maestría en Religión y Medio Ambiente.

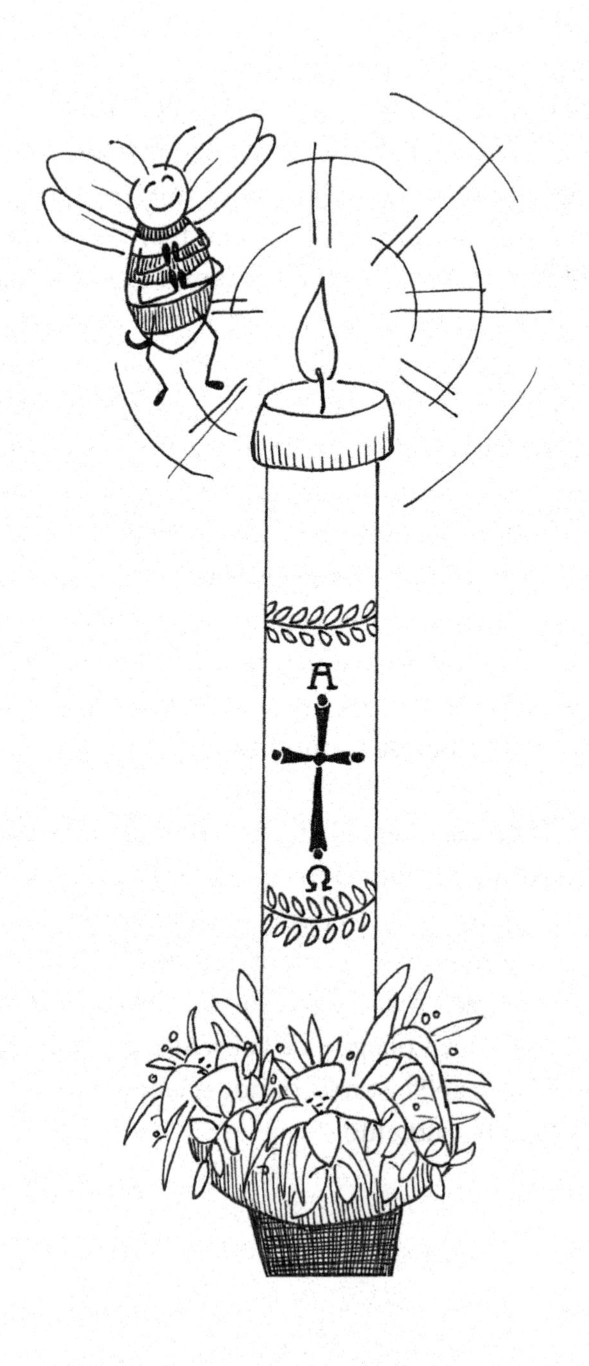
A
Ω